圖書在版編目（CIP）數據

水陸儀軌會本 / (南北朝) 梁志公大師等編 . -- 北京 : 綫裝書局 , 2024.5
（常誦經典叢書）
ISBN 978-7-5120-6054-8

Ⅰ . ①水… Ⅱ . ①梁… Ⅲ . ①净土宗 – 佛經 Ⅳ . ① B946.8

中國國家版本館 CIP 數據核字 (2024) 第 071026 號

水陸儀軌會本

作　　者　（南北朝）梁志公大師等
責任編輯　張　倩
裝幀設計　仝勝賓
出版發行　綫裝書局
地　　址　北京市豐臺區方莊日月天地大廈B座一七層
郵　　編　一〇〇〇七八
電　　話　五八〇七六九三八　五八〇七七一二六
網　　址　www.zgxzsj.com
經　　銷　新華書店
印　　刷　涿州匯美億濃印刷有限公司
字　　數　十四千字
印　　張　四一點五
版　　次　二〇二四年五月第一版第一次印刷
印　　數　三〇〇〇册
定　　價　一五〇圓

线装书局官方微信

重刻水陸儀軌序

甚矣。佛恩之廣大周徧。而靡有孑遺也。初成正覺。說所證法。唯法身大士。方能與會。人天凡小。不見不聞。于是為實施權。寢大用小。隨順機宜。循循善誘。待其已斷煩惑。已證真諦。然後種種彈斥。多方淘汰。俾其發大心而冀佛果。不住法而修萬行。迨至根機已熟。則會三歸一。開權顯實。普授作佛之記。大暢出世本懷。從茲了知一切法皆是佛法。一切人皆是佛子。而復自甘退屈矣。又復憫彼自力劣弱。現生斷難了脫者。特開淨土法門。令其仗佛慈力。往生西方。其有罪障深重。定業不易轉移者。大啟祕密觀道。使彼承三密力。滅盡無餘。然此二法。乃凡聖同修之道。成始成終之法。以其偏顯業繫凡夫。頓獲勝益。作如是說。實則十方三世諸佛。莫不由此以圓成佛道。莫不由此以普度羣萌也。迨至法流震旦。梁武御極。由高僧以示夢。俾普度夫含靈。因茲備覽大藏。製斯儀軌。自是流通。以至今日。溯其原始。則以無量威德陀羅尼而為發起。究其纂述。與其修設。則一代時教。一切諸法。無不備舉。而讀誦修持焉。故其法門廣大。利益宏深。不但使六道凡夫。頓脫業縛。亦兼令三乘聖人。速證菩提。然人能宏道。誠堪契真。

若請法齋主。與作法諸師。各皆竭誠盡敬。則其利益。非言所宣。譬如春回大地。草木悉荷生成。月麗中天。江河各現影象。故得當人業消智朗。障盡福崇。先亡咸生淨土。所求無不遂意。並令歷劫怨親。法界含識。同沐三寶恩光。共結菩提緣種。若齋主不誠。則出錢之功德有限。慢法之罪過無窮。僧眾不誠。則是鼓橐籥以為經。交杵碓以成禮。于三寶龍天降臨之際。作鹵莽滅裂塞責之行。其不至罪山聳峙。福海乾枯。生罹災禍。死受譴謫者。何可得也。此書杭垣之板。模糊不堪。天童雖刻。亦難普及。以故維揚萬壽寂公。寶輪裕公等。募資重刻。以冀廣傳。令光紀其年月。故略述原委。與其利弊。俾從事此法者。唯得其益。不受其損。則佛聖歡喜。而福慧二俱增崇矣。願修法者。其各勉旃。

時

佛曆二千九百五十一年歲次甲子春王月

古莘常慚愧僧釋印光謹撰

水陸大意綸貫

面然興權。冥被阿難。我佛慈濟。開演妙法。此最初施食之大因緣也。訖於震旦。梁朝武帝。夢異僧告以救羣靈之苦。莫過於水陸大齋。乃詔誌公等。創建水陸齋法。斯東土始興水陸之大因緣也。唐高宗時。法海英師。親見異人。乞行水陸。重振茲法。斯中興水陸之大因緣也。宋之四明。繼述儀軌。明之雲棲。重興齋法。斯重訂水陸之大因緣也。夫聖恩廣被。必有所憑。將為啟建勝會。先當資其法力。故首之以外壇誦經。道場開啟。眾聖將臨。當須內外淨潔。行止有禁。故次之以內壇結界。壇儀既淨。於是昭告人天。故次之以發符懸旛。既通誠於三寶諸天。則啟請而可冀來格。故次之以奉請上堂。既荷來格。理宜六塵精潔。如法供養。故次之以奉供上堂。既蒙列聖垂慈攝受。則敬田已植。正為悲憫六道羣靈。并須告達司事天神。上體佛心。下釋拘繫。故次之以奉表告赦。既經赦放。則眾苦皆離。勝會可赴。故次之以召請下堂。既召請已。普皆雲集。當授之戒法。以滌其宿愆。淨其業識。為受濟之基。故次之以說幽冥戒。既受戒已。得其淨識。入壇列座。安享法味。故次之以奉供下堂。法味資神。慧性斯發。六道羣靈。歡欣交暢。勝會將圓。勝緣難遇。急當趁此出離苦海。永不沈沒。故次之以念佛求生淨土。上來法事已竟。誠意已周。作法無失儀之愆。齋主鮮跛倚之過。諸聖歡喜而攝受。羣靈普度而無垠。悲敬兼行。自他俱利。其功德誠不可思議也。

一雲棲竹窗隨筆。謂水陸盛典。金山儀文。今藏無傳。四明磐師所輯科儀之文。最為允當。且財省而易成。以此意推之。古儀繁重。必倍於今時。而觀大師此言。可知修水陸時。祇取誠意充足。必不以煩費爲事也。正應流通無盡。但四明輯本。止存四明。諸方皆未之見。予為訂正。重壽諸梓。以廣流通。云云由是知此之法門。大師實欲流通天下。非獨行於一方也。而猶不能廣行者。則以雲棲刻本唯著儀文。而作法未詳之故。茲因敬體大師之意。即雲棲本補以臨時作法節目。會刻成書。名之會本。以廣流通云。

一水陸儀文繁重。執事甚夥。物用亦多。若不分門別類。先散後總。勢必頭緒不清。閱者難於捉摸。辨理必致蹶竭。今故以十三門收拾。先列堂司。鋪設。經懺。香燈。鼓鈸。紙紮。紙張。齋供。供事。雜務。用具。書記十二門。以散其總。後乃以作法一門。以總其散。既得條分縷晳。復可貫串成章。庶於道場應行一切。行之裕如。

一雲棲唯刻表白儀文。餘皆面稟。所以未能通行。今為普度。於諸規則。皆詳列之。乃至如掛榜懸旛。告赦送聖等文。亦所不遺。以省臨時心力。

一凡唱誦腔調。惟取響喨清緩和雅。本中所標梵聲。直聲。書聲等。俱就現行式樣標之。俾行者有所依仿。其中梵聲自不可易。至直聲書聲。大概相近。則不必過執。以意會之可也。

一地藏菩薩。乃冥陽普度之誓願最深重者。原本不請。以地藏十輪等經。梁代尚未來震旦。故以今論之。似為缺典。故茲於第二席。增入地藏十輪一經。第三席。增入地藏菩薩。并彙增日藏。月藏。虛空藏。金剛藏。以日藏月藏二經盛稱功德。虛空大悲為號。金剛密部總持故。共五位。或亦古師所許也。

一般若空宗。及懺摩宗。東土雖無傳嗣。其法盛行天下。理應補入其祖。今於第六席增懺摩空宗二位。以表律懺。台賢慈性禪密譯。淨。十宗齊敬。較為周到。譯宗絕響。慈恩一綫。尚不忘其祖。況性懺二宗耶。

再按四明法師。乃台教之後。故原本於禪宗言二十三祖。於台教有抗折百家。於別部有未善圓談等句。此雖各尊所聞。各聞其祖之意。然西天四七。振古相傳。

至於奉供之時。總以贊揚為合。似不應作軒輊之語。茲謹酌易數字。明者諒之。

一第十席。原本備列創造中興及有功齋法之人。今更續四明雲棲。亦所以報訂正重興之德也。

一下堂第三席。原本列孔老二位。竊以孔老為儒道二宗之聖。即如來亦說為菩薩應化。列之下堂。殊覺未安。上堂又無可列之位。故莫若出其宗。而隱其人之為妥。他如原本所有思。孟。周。召。夷。齊。列。莊等。俱隱而不書。庶幾得此心之安。而於古師明列二宗之意。仍不相背。非輕慢舊章也。

一泰山五嶽。為下堂第二席之首。其兩廊部屬。如泰嶽掌判。七十二司等。俱原本所無。但近今盛傳。各處廟祀。應行增入。茲以附下堂第七席中。

一下堂第十一席。至十四席。舊本秖列形式
而已。茲依現時普通聖號。添補完全。以免
臨時措手無從。倘有於地不相宜處。亦可
隨時增減。幸勿執定。

一水陸內壇。每席各有畫像。照牌位所列名
位作之。相傳蘇文忠公曾製贊語。今已無
考。雲棲謂南都所繪上下堂像。隨畫師所
傳。奉為定規。頗不的當。據此則雲棲。亦未嘗見原本畫贊也。茲酌定應畫式樣六十軸。照此繪像。可無舛誤。要之道場中。惟以誠敬為本。此等非所重也。略助觀想而已。

一此會本。乃儀潤體從上諸師。普度含識之意。以僅習表白儀文。而作法不諳。不能通行。故僭妄為之。其中有少為增改處。亦體諸師無我之意。而平心靜氣。以為斟酌。期於心安理得。非敢騖名要譽而然也。唯慚識見短淺。粗疎不文。尚祈　當代知識。略其迹而諒其心。不鄙而賜教焉。

一　水陸原文。歷經諸古德。著述。增註補儀。其煌煌雄文。固已盡善盡美。正應流通無盡。顧其間主法。表白。香燈。作事諸節。猶覺仍有向隅之憾。裕　用是不揣譾陋。與諸同志略為增註。重加參訂。若曰精詳。則吾豈敢。不過俾初執事者少得開卷了然。不致茫然無措。

一原本三冊。每冊二卷。茲編為四冊。每冊一卷。緣因雜事諸門。連於作法冊上。應用諸有不便。今將前後雜文另為一冊。以便書記香燈應用之便。而免褻慢經咒之愆。

一原本冥戒中儀文稍異戒本。諒是翻刻之訛。茲照戒範正宗更正。

一送判宣疏。原本在收疏至殿後。今依現行。

列於燒圓滿香後。

一送聖原分兩次。茲並成一氣。中不停頓。

一畫引畫式。原在酬謝門後。茲移於雜事門之下。原本有酬謝一門。今因世遠時易。豐歉不同。故刪除之。

一作法文中。每段前後註有主法表白香燈事儀。漫然難辨。茲用圖記標明。主法用[主]表白用[表]香燈用[香]雜文用△庶乎臨事一目了然免致舛誤

目錄

水陸儀軌會本卷第一

梁誌公大師等撰　明雲棲袾宏補儀
宋東湖志磐重訂　清眞寂儀潤彙刊

【作法門】凡十五章

◉第一行開啟結界法事

先一日。法師香燈沐浴更衣。內壇各事整備。並囑廚司午夜粥點開水等。俱宜早辦。〇次日四更早起。香燈先擂鼓一陣。點普供桌大燭。焚檀香爐。各席裝香。全堂各席供水。普供桌供水三盃。令齋主起。擂第二陣鼓。法師齋主俱茶點畢。焚香點燭。擂第三陣鼓。知客領齋主進壇。佛前三拜。執香。香燈師鳴引磬迎請。法師末後先行。至壇。表白齋主皈位。先主法拈香展禮。次正助表拈香展禮。次齋主拈香轉至拜墊前。主法鳴大磬三下。齋主三拜。鼓鈸三陣將竟。二表白同振鈴。俱執手爐。同聲和云。

至心歸命禮。問訊十方法界。諸佛法僧。常住拜下

起立三問訊置爐寶◎三字下煞鼓鈸。寶字上主法鳴磬一下。煞鼓鈸已。主法齋主執手爐。二表白振鈴述淨三業偈。音聲宜簡雅。莫繁俗。

○法性湛然周法界　甚深無量絕言詮

自從一念失元明　八萬塵勞俱作蔽

○此日脩齋興普度　肅清意地謹威儀

仰憑密語為加持　將俾自他還本淨◎

正表白云　我佛如來有淨三業真言。和　謹當宣誦。

唵薩網婆縛　薩婆達磨　薩網婆縛

述摩含◎　誦咒三徧竟。主法鳴磬一下。香燈敲過街仙鼓鈸。凡誦咒畢皆例此。

主　主法想自身。及大衆施主。外身內心。悉皆清淨。　表　表白振鈴述慰伽藍偈咒。

○十八神王承佛敕　常於徧界護伽藍

維茲清淨法王宮　必有明神來宿衛

○此日虔興平等供　法音交唱眾無譁

仰憑密語為加持　慰悅神心增勝力◎

助白

我佛如來。有安慰諸神真言。謹當宣誦。和

南無三曼䭾音朵沒䭾南　唵　度嚕度嚕

地尾　娑訶誦咒三編畢動鼓鈸

主 主法想伽藍諸神。咸皆慰喜。永遠守護。

表 或在齋姓家建道場不用此安慰伽藍神偈表白當誦後安慰諸宅神偈云。

⊗維此住居勤守土　護安人物顯諸神

威靈自用既無私　訶禁不祥應有法

○此日虔興平等供　聖凡俱會異常居

仰憑密語為加持　將使神心無畏恐

我佛如來有安慰諸神真言。謹當宣誦。咒語同前

主　主法想住居六神。咸皆慰喜守護。○齋姓家用止此。

表　表白述然香偈咒。

○此岸栴檀非別物　元從清淨自心生

若人能以一塵燒　眾氣自然皆具足

○此日虔興平等供　欲令法界普熏聞

仰憑密語為加持　將使施心咸偏達

正白　我佛如來。有然香達信真言。和謹當宣誦。

唵什筏栗多　末你　阿鉢羅句吒　蘇

破二合囉尼　毗迦知上虎𤙖二合　誦咒三徧動鈸

香 誦咒時香燈頭出位拈香三拜。主 主法想此香雲。普熏法界三寶。通達信心。無不周徧。

表 正表執爐用梵音白結界文。

經典所在。即如來舍利之身。法道能宏。必大

德僧伽之士」。惟茲一處。具有三尊。天人常起

護持。堂宇固應光潔」今則將開勝會。永異他時。自非結界以加威。何使脩齋之如式」恪遵至誥。全策奇勳。妙香熏馥於空中。淨水灑清於地上」凡曰方隅之所。悉同城壘之堅。雖密藉於真言。實冥資於圓觀」將見瓊林風動。玉殿雲披。懸寶蓋於層霄。聳華臺於廣座」千幢旛而交擁。衆妓樂以旁羅。惟茲淨想之所成。是即靈山之未散」助表同白 既彰此用。更召諸神。

冀肅靜於壇場。俾驅除於魔障。煞鼓鈸一陣

若在齋姓家建道場。改前十句文云。寂光爲土。固不外於凡居。聖賢之人。或有殊於齋姓。」謂觀其身。則根塵起穢。及言其處。則土石生埃。由心中之因行無良。故世間之果報若是。」今則將開勝會云云。與前同。內又圓觀改妙觀。

表 表白執爐同聲奉請諸聖結界。

一心奉請。問訊**如來化現。圓滿神通。大穢迹金剛聖者。并諸眷屬。**

惟願置爐**不違本誓。哀憫有情。降臨道場。護**

持結界◎。煞鼓鈸一陣

助白

我今奉宣本尊真言。和　願垂加護。

唵甕　咈咶必滑　啒嗶骨魯　摩訶　鉢囉狠那喝

許　吻汁吻直刎　醯摩尼　微吉微　摩那拏

棲　唵甕　斫急那拏　烏深滻　暮　啒嗶骨魯

吽吽吽烘　泮泮泮泮泮登　娑訶　誦咒三徧動鼓鈸

[主]主法想聖者。無量眷屬。降入道場正中。面外而立。〇按原咒四十三字。唐太宗朝人多持誦。感驗非一。朝廷以爲惑衆。遂敕削除十字。後有錢塘菩提寺慧持。遇蜀中高德。教授持

法。復得全咒誦及二年大有感驗令杵升空隨意而往。今此加句全咒俱載入藏本可考。因三吽字舊刻誤寫兩𤙖字。今皆改正。故此表出。

一心奉請。大威德。大忿怒。甘露軍荼利等十大明王。并諸眷屬。惟願不違本誓。哀憫有情。臨降道場。護持結界。◎。

正白

我今奉宣本尊真言。和　願垂加護。

唵戶盧戶盧　底瑟吒　底瑟吒　盤陀盤陀　阿那阿那　阿密哩帝　烏𤙖二合

抹潑　誦咒三徧

主　主法想聖者威儀。無量眷屬。降入道場。住立左邊。

一心奉請大梵天王。帝釋天主。護世四王。天龍八部。并諸眷屬。　惟願不違本誓。哀憫有情。臨降道場。護持結界。◎。

助白

我今奉宣。普召請八部真言。和　願垂加護。

唵薩婆提婆那伽　阿去　那唎　莎訶三徧

主　主法想天龍八部。無量眷屬。降入道場。住立右邊。

一心奉請此一住處。僧伽藍內。護正法者。福德大神。并諸眷屬。惟願不違本誓。哀憫有情。守衛道場。護持結界。◎。

正白　我今奉宣召請真言。和　願垂加護。

唵步布哩　迦哩哆哩　怛他誐多耶　三徧

主　主法想伽藍諸神。至道場門首。住立兩邊。　表　若在齋姓家此位當改請云。

一心奉請。城隍當境。諸廟侯王。住居六神。家庭香火。并諸眷屬。惟願眞言俱同前。

助表直白　上來召請。已荷光臨。環衛道場。如雲密布」心進勇鋭。咸起護持。少俟須臾。奉行結界。◎。

主 主法想無量金剛。天龍八部。及諸眷屬。各嚴兵仗。環列四方。守護道場內外。

表 表白振鈴敲鼓鈸衆同聲唱云。

初結地方界 三徧煞鈸一陣

表 表白振鈴述偈白諸聖賢行結界法。

○恭白十方三寶衆　明王穢迹衆威神

梵王帝釋四天王　八部天龍咸護念

○此日將修平等供　要令此地異常居

須憑神力為加持　清淨光明同佛剎◎

（正表直白）我今持誦。吉利忿怒真言。加持淨水。散灑此地。結地方界」。當願此地之下。深百由旬。如淨琉璃。永無垢穢。

唵枳里枳里　跋折囉跋折里　部訥（音嫩）（入聲）畔陀畔陀　虎吽（二合）泮（誦咒七偏）

【香】二香燈於各席地下灑淨。

【主】主法想無量金剛。天龍八部。及諸眷屬。各嚴兵仗。環列四方。守護道場內外。

【表】咒畢動鈸一陣表白振鈴敲鼓鈸眾同聲唱云。

次結方隅界 三徧煞鈸一陣

助表直白 我今持誦金剛部心真言。加持淨水。散灑四方。結方隅界」。當願此道場內。周帀四方。如金剛城牆。堅固莫犯。

唵縛日囉 二合 地勒迦 誦咒七徧

【香】香燈灑淨同前。

【主】主法想無量金剛。天龍八部。及諸眷屬。各嚴兵仗。環列四方。守護道場內外。

【表】咒畢動鈸一陣表白振鈴敲鼓鈸衆同聲唱云。

三結虛空界 三徧煞鈸一陣

（正表直白）我今持誦蘇悉地真言。加持妙香。熏馥空中。結虛空界」。當願此空之上。過百由旬。香雲普覆。如大寶蓋。（此結界三咒並出蘇悉地經）

唵素悉地　迦履　入縛里鞞難　那牟謨羅鞞曳　入縛囉入縛囉　畔馱畔馱

（上）吹（火）羅吹那虎鉡拂（音潑）（誦咒七徧）

香 二香燈師傳爐至上下堂席前居中一一舉盤熏香。

主 主法想無量金剛。天龍八部。及諸眷屬。各嚴兵仗。環列四方。守護道場內外。

正表直白 上來結界作法已成。上下四方。廣博嚴淨」。如諸佛剎。有大光明。堪奉聖人。宜開法會」。願諸賢聖。嚴護道場。毋使邪魔。有所干犯。◎白已

煞鼓鈸一陣

表 助表執爐啓請觀音作梵音白云。

恭聞 問訊 聖觀自在。於過去時。始住初地。值千光王如來」。為說廣大圓滿。無礙大悲心大陀羅尼。令與眾生。作大利益」。是時大士。一聞此

咒。頓超八地。至今釋迦如來。與諸菩薩。普會補怛落迦山之時。」惟我大士。躬對如來。以大悲心。說此章句。流通世間。無不蒙益。」當知此咒。猶如妙藥。名阿伽陀。一切諸病。無所不治。」是故誦此咒者。三惡道業。無所不壞。諸佛國土。無不得生。功德巍巍。莫可稱歎。」我等茲日。受施主請。開建道場。脩平等供。」先於此地。普召諸神。行結界法。用為嚴淨。」是以復於此時。

恭請菩薩大士。以真言力。重加法水」。（正表同和）增益勝用。廣大難思。將使羣生。俱蒙解脫◎。（促鈸）

表 表白執爐同聲奉請。

一心奉請。千手千眼。大慈大悲。觀世音自在菩薩。摩訶薩。（三請）惟願（置爐）不違本誓。哀憫有情。臨降道場。加持咒水◎。（煞鼓鈸一陣）

（助表直白）我今持誦聖觀自在菩薩。所宣廣大圓滿無礙大悲心大陀羅尼。願垂加護。（主法押磬香燈鳴大）

魚衆同念

◁正表舉云

南無大悲觀世音菩薩◎三稱接念大悲咒三徧畢煞鼓鈸一陣

香　香燈放鞭爆招呼各壇及四聖前焚香燭點廊燈。

主　念咒時。主法想觀音大士。端處道場。放眉間光。入此水中。以彰聖用。

表　正表執爐啓請毗盧佛作梵音白云。

恭聞問訊聖觀自在。為諸大衆乞請釋迦世尊。為說十方剎土。一切毗盧遮那如來皆同一時。各伸右手。以摩清淨蓮華明王之頂。同說不空。大灌頂光真言」。若有過去十惡五逆四重諸罪。聞此二三七徧。經耳根者。即得滅除。若諸衆生。具造惡業。身壞命終。墮諸惡趣。以是真言。加持土沙。散其身上。及以塔墓」。彼所亡者。若在惡趣。應時即得光明及身。除諸罪報。令所苦身。生極樂國。乃至菩提。永不退墮」。我等茲日。受施主請。開建道場。脩平等供」。先於此地。普召諸神。行結界法。用為嚴淨」。今已恭請聖觀自在。以大悲心。所說章句。重加法水。增益勝用」。復於此時。專誠訊問恭請十方毗盧遮那如來。以灌頂光。加持此水。令使功能倍復增勝」。然後以此最勝法水。徧灑道場。及以內外。是處非處。若根若塵。一灑一沾。光明煥發」。當知此地。即為淨土。當知此日。可轉法輪。十方賢聖。無不雲臨。六道羣生。無不奔赴」。

二人同白　大開法施。普度迷流。罄法界中。咸蒙解脫。促鈸一陣 表 表白執爐同聲請云。

一心奉請十方刹土。一切毗盧遮那。不空如來。三請 惟願不違本誓。哀憫有情。臨降道場。加持咒水。

助表直白 我今持誦毗盧遮那如來。所說不空大灌頂光真言。和 願垂加護。

唵一 ⿰方向音阿暮上伽廢嚕者娜二 摩訶畝陀囉麼抳三 鉢頭麼二合 入縛二合 攞四 跛囉二合

韈韠野幷 五 誦咒七徧動鈸

主 主法想十方諸佛。環坐道場。共放眉間毫光。入此水中。以彰聖用。○此咒出不空羂索經。

香 香燈令點提燈伺候出壇。 表 助表直白云。

上來奉請諸佛菩薩。明王諸天。各以威神加被我輩。誦持真言。不違法則。加持淨水。有大力用。即此法門。圓顯三德。是以如琉璃寶。清淨光明。無有染礙。即法身德。如如意珠。雨一切寶。無不具足。即般若德。如轉輪王。所向自在。無有罣礙。即解脫德。」呪既三德。水亦三德。全呪是水。全水是呪。體用不二。同一祕藏。」我今以此三德祕藏真言淨水。散灑此地。道場內外。上天下地。中土四方。隨水所至。皆成結界。」當願此處道場。香花飲食。一切供事。承此力故。一一出生無有限量。」舉行法事沙門大眾。承此力故。一一根塵無不清淨。」脩齋施主。承事之人。承此力故。一一身心無不光潔。」乃至遠及界外往來之人。身衣不潔。飲噉葷辛。或故或誤。輒入道場。以咒力故。化為清淨」一切邪魔。及闡提者。誹毀三寶。好作留難。以咒力故。咸發道心」若讚若謗。皆得為緣。如此觀心。方名普度」更憑眾等。同誦真言。散灑法水。周行諸處◎。煞鼓鈸一陣已。主法押磬。香燈鳴小魚。大眾同念。正表舉云。

南無大悲觀世音菩薩◎

三稱。接念大悲咒。首一句主法鳴磬一下。香燈鳴引磬二下。

表白問訊出位。至中香机前。問訊拈香三瓣炷爐。拈一瓣放水盃內。取盃一舉灑淨。由普供桌上地下。及佛前机上地下灑淨。次分走兩邊。於上下堂各各席上地下灑畢。會至天香机前一灑。仍至普供桌前向上立定。香燈鳴引磬二下。表白舉盃。主法齋主執爐問訊。傳爐人舉香盤。出壇次序。香燈頭執引磬帶燈籠前行。次敲小魚傳爐人跟行。次二提燈。次二表白。次二方丈燈。次主法。次知客領齋主。凡至各處進檻內。引磬小魚對面立左右邊。傳爐人居中向上立。主法齋主向上立於爐盤前。表白走上舉盃。至佛前机上地下灑淨已。轉下向上立。香燈鳴引磬二下。表白舉盃傳爐人舉盤。主法齋主。及鳴引磬敲小魚人齊問訊轉面向外立。鳴引磬者仍領前行。凡四聖各壇及靈位前。乃至沐浴所灑淨畢。回內壇。表白仍至普供桌前一舉置水盃一問訊。各歸位。結咒。促鈸一陣。

香 一香燈送證盟疏與正表一香燈發擂各執爐表白唱云。

釋迦如來 正唱一句 助接一句 諸佛菩薩 正助各一句 已下同唱云

證盟 拜起 下立 開 問訊 置爐 啟◎ 煞鼓鈸一陣。令齋主拈拜長跪。如衆姓可各執香一枝長跪。正表宣證盟疏 念偈云。

歸命十方調御師。演揚清淨微妙法。三乘四果解脫僧。願賜慈悲哀攝受。 仰啟三寶。不捨慈悲。高處法筵。證明功德。 今辰聿有

脩建法界聖凡水陸普度大齋勝會道場。茲當結壇開啟。有意敷宣三寶光中。希垂朗鑒。◎

香燈鳴引磬。主法表白俱問訊長跪。正表宣證盟疏。疏式見書記門。宣至頓首具疏起立。煞鼓鈸一陣。齋主歸位。

主 主法於本位設問。表白施主大衆各宜攝心拱聽。◯主法直白文云。

日吉時良。開建法會。肅恭齋法。意在於何。敢請施主。及以大衆。宜各諦聽」。今當為說法界聖凡。水陸普度大齋勝會。以此定名。此名既立。必有其義。名義若正。方是今宗」。何謂法界。理常一故。諸佛眾生。性平等故」。何謂聖凡。十事異故。佛及三乘。是名為聖。六道羣生。是名為凡。事雖有十。理常是一」。何謂水陸。舉依報故。六凡所依。其處有三。謂水陸空。皆受報處。今言水陸。必攝於空。又此二處。其苦重故」。何謂普度。無不度故。六道雖殊。俱解脫故」。何謂大齋以食施故。若聖若凡。無不供故」。何謂勝會。以法施故。六凡界中。蒙勝益故」。名義既正。其位何以。謂上下堂。各分十位。位復開十。總為二百。包括殆盡。是詳非略。食有多寡。隨施者意。位無增損。茲為定制」。今此立法。勿令有疑。如法非法。兩者須知。戒德高遠。觀道幽微。有一不如。不名法師」。信三寶尊。念六道苦。如此發心。是名施主」。進止有法。梵音遠聞。有一不如。不名秉文」。善知節度。有正有從。如此合宜。是名法眾」。結界護淨。禁止無良。有一不如。不名道場」。香燈畢陳。餚饍具備。如此潔精。是為供事」。敢告施主。若彼若我。宜當如法。遠離諸過」。今者所作。非是小緣。上奉四聖。下及六凡。一時等供。無不周徧。檀風普熏。於斯可見」。有能修此真法供養。不緣於心。不住於相。不住相者。忘情照理。如斯行施。功用莫比」。無能施者。無受施人。無中間物。皆畢竟空」。施者受者。及所施物。莫不宛然。即難思假」。非有非無。非非有無。雙亡雙照。為絕待中」。如此法施。盡未來際。法界常融。唯一三諦◎。

白竟。鼓鈸三通。法師脫帽。令齋主至中拜墊前立。二香燈鳴引磬。須徐徐。切不可快。禮佛三拜。將問訊時。代客者令齋主禮謝三位法師已。各回寮。

△此結界處。天神森布。宜加敬畏。須預囑一謹愼淨人。嚴爲守護。勿令雜人出入。污犯淨界。

◎第二行發符懸旛法事

早膳後將法師齋主半桌四張。科儀鈴磬爐臺等。均向外安置。請書符牒各四道。第一道與第三道置正表桌上。第二道與第四道置助表桌上。天香机上置淨水盃一盞。并備上堂緞貌一副。下堂緞貌三副。又內壇天井中用淨柴鋪墊。其上朝裏供符官馬四位。四天空行供當中。地行地府供兩邊。馬前設長桌一張。桌幃風燈香爐。桌上供五色果六色菜各四桌。饅首茶飯各四盃。鞭爆一掛長竹二竿。并化馬所用紙錁等。◯大旛前供旛官一位。位前設方桌一張。桌幃風燈香爐供五色果六色菜各一桌。饅首茶飯各一盃。桌前拜墊二個。化紙鍋一只。內備錁錠。及上堂緞貌一副。鞭爆一掛。又設半桌一張。以便放鼓鈸。水陸大旛俱齊備已。時至發鼓三通。燃香燭知客領齋主迎請法師不帶具進壇先主法向外拈香三問訊。次二表白一同出位拈香三問訊。次齋主拈香已主法鳴磬三下。齋主三拜。鼓鈸三通。表白振鈴執爐同唱。

至心歸命禮。十方法界。諸佛法僧。常住三寶。◎。

一拜問訊置爐煞鼓鈸已正表執爐作梵白云。

香從心生。心由香達。不居三際。可徧十方。雖法爾之如然。亦施者之能致。是故諸佛聞之而加護。羣生於此以蒙熏。欲期勝益之全彰。

更誦密言而助顯」。置爐白云

我佛如來有然香達信真言。謹當宣誦。

唵什伐栗多摩你　阿鉢羅句吒　蘇破囉尼　毗迦知　虎吽　誦咒三遍動鈸　香　香燈拈香三拜。

主　主法想此香雲偏滿法界。一切賢聖。悉皆覺知。生歡喜心。　表　助表合掌作梵。

寶器晶熒。靈泉演漾。三加祕密。一灑清涼」即四座以光嚴。偏十方而涓潔。遠塵離垢。感聖招賢。允在茲時。躬行斯道。接白云我佛如來有灑淨真言。謹當宣誦。

唵伐什囉 賒咩（羊鳴音）耶 吽癹（潑）悉哩

摩呬（戲）薩訶（誦咒三偏）

【香】香燈持水盃灑淨四符官一周。

【主】主法想水到處。嚴淨光明。即成結界。

【表】正表振鈴作梵音白云。

伏聞覺皇憫燄口之徒。初令奉斛粱帝感神僧之夢。遂啟脩齋。雖偏標水陸之名。實等供聖凡之眾」。所謂於三尊則加敬。言羣品則興悲。極上天下地以無遺。何彼界此疆之有間」。

凡居異趣。咸示真脩。故茲託事於多儀。必使成功於普度」。今則仰遵內教。恭按靈科。開法會以濟迷流。固自專於主者」。二表同念扣帝閽而發大號。正有賴於使乎。爰恪意以奉迎。冀聞呼而即至。煞鼓鈸一陣

表　表白執爐同音請云。

至心奉請。神通自在。威德難量。四天捷疾持符使者。并諸眷屬。一請　惟願不違本誓。哀

憫有情。是日今時降臨法會◎。煞鼓鈸一陣下皆例此

至心奉請。神通自在。威德難量。空行捷疾持符使者。并諸眷屬。

至心奉請。神通自在。威德難量。地行捷疾持符使者。并諸眷屬。

至心奉請。神通自在。威德難量。地府捷疾持符使者。并諸眷屬。

助白

我佛如來。有召請真言。謹當宣誦。

唵步布哩　迦哩哆哩　怛他誐多耶（三遍）

主　主法想使者。各有百千諸眷屬從空而來。依位序立。

香　香燈送證盟疏與正表令齋主拈拜長跪。　表　正表振鈴白讚德述意云。

雲擁旌幢。風行部曲。彷彿九霄而下。徘徊四座之間。冀暫駐於光儀。將委宣於悃欵」。恭惟四大使者。自強不息。得一以靈。用之則行。威而不猛。霜襟默識。既經緯於萬方。玉趾遠騰。載馳驅於億剎」。（起梵腔白）庸謹奉辭之職。矧多專對之才。唯妙闡於神通。實善權於方便。香燈鳴引磬。

俱問訊長跪。宣疏。至頓首具疏不煞鈸。起立直白。

然則聖凡異念。幽顯殊途。非藉使人。何由徧達。故於此際。奉召諸神。諒在聰明。必能知委。◎

煞鼓鈸已助表直白

是心作食。全食為心。以由體用不殊。故得卷舒自在」。如是則六塵互徧。三德常融。微妙難思。出生無盡」。用憑觀道。密扶咒熏。將善導於事儀。俾圓成於法施」。我今持誦無量威德自在光明勝妙力陀羅尼。加持法食。悉令周徧。

主法押磬香燈鳴魚同念正表舉云。

曩謨薩嚩怛他蘖多◎嚩盧枳帝唵。三鉢囉。三鉢囉吽。誦咒七徧促鈸一陣

香 香燈持水盃至馬前灑水食上。

主 主法想此供食。出生六塵妙供一時供奉。無所乏少。

表 正表獻食直白云。

戒香芬郁。定水澄清。明智慧燈。具禪悅食」。因行之華初發。實相之果已圓。有能如是諦觀。

則為以法供養」載宣密語。用速至神。少賜從容。特垂歆享。接白

我佛如來。有獻供養真言。謹當宣誦。

唵誐誐曩 三去婆去嚩 嚩日囉斛三徧

主 主法想此供事充足。諸神降享。無不歡悅。◯主法付囑使者。直白云。

聖凡體同。迷悟心異。今此修齋而致請。或云赴感之不齊」。謂三寶諸天之居。固一念而可格。如六道羣生之類。有屢呼而弗聞」。蓋惡業

重者。正苦留連。及邪見多者。自為障礙。非賴使人之捷疾。曷通施者之勤渠。」至若具奏牘以進梵王。錄情文而于帝釋。符地府泰山之所主。關城隍土境之諸神。咸仰體於至慈。即奉行於大赦。」推聖恩之曠蕩。拔惡趣之拘囚。悉使奔趣。毋令退縮。」如是則天人修羅之黨。鬼畜泥犂之儔。藉此時津濟之功。解億劫輪迴之業。」大崇至化。幸遇良緣。冀益闡於聰明。

肯恪遵於付託」。不踰頃刻。徧達緘封。毋使有違。自貽其咎。佛國天宮之異處。各謹攸司。人寰地府之殊途。分當其任」。昏昧弗知者。勸之以道。凶頑自用者。攝之以威。有請必來。無一不至。所有意旨。具在符文。別命披宣。試垂采聽◎煞鼓鈸一陣

香 香燈令齋主拈香三拜長跪。

表 正表合掌作梵白云。

恭惟問訊四大使者。內修菩薩行。外現神王身。披金甲而曜日增輝。乘寶馬而鸞鈴振響」。步

山涉海。應念而來。此界他方。剎那即至」。今辰齋主。虔備香燈茶果。紙馬金錢。聊申供養。伏惟鑒納」。既蒙臨降。更請從容。少敘至誠。仰垂印可」。今有請書四函。符牒四道。恭對使者。覿面披宣。伏乞從容聽覽◎。香燈鳴引磬。法師問訊長跪。用梵音先宣請書。正表四天。助表空行。正表地行。助表地府。宣至第四張具書奉請已。用直聲宣符牒。亦正一助二正三助四。至第四張具牒奉行。煞鼓鈸一陣。令齋主歸位。正表直白奉送文云。

【香】香燈將請書與符牒第一張。并用上堂綴貌一副放於四天使者手內捧著。第二張請書符牒。用下堂緞貌一副。放於空行使者手內捧著。第三張用緞貌一副。放於地行使者手內捧著。第四張用緞貌一副。放於地府使者手內捧著。安置已。用竹竿將馬擡轉向外。鋪紙錁於馬足下。用紙煤引火焚化。放鞭爆。

不速而疾。有感則通。威容儼日出之光。神足儗天行之捷」駕雲軿而揚羽葆。載馳載驅。窮寶燄而徹風輪。宜上宜下」幸毋廢命。須善為辭。事有勞煩。禮當攀送。隨接白云

我佛如來。有奉送真言。和　謹當宣誦。

唵麼訝囉穆羯叉目（三徧）揭諦揭諦波羅揭諦波羅僧揭諦菩提薩婆訶。（三徧畢促鼓鈸）

主 主法想四持符使者。分領所委文字。受命即行。頃刻通達十方也。

△化符官須用紙煤點火。切不可用油燭引火。比聞冥府有蠟錢堆積。守者云。人間焚紙錢時多於油燭上度火。故不堪用堆積於此。又不可以杖攪碎。此皆有關礙囑未知者。

表 正表白云。

歸依佛。歸依法。歸依僧。歸依佛法僧三寶已竟。上來發符圓滿。煉疏化財用助使者雲程。

遍遊沙界和南聖衆。煞鼓鈸一通

香 香燈頭收科儀鼓鈸先至懸旛處。鼓鈸放半桌上。點香燭。一香燈傳爐收鈴子二把。水盃一只。放盤內。看壇香燈候法師齋主出壇。將法事桌科儀蒲墊等俱向內安置。并照應香火。◯香燈鳴引磬。法師齋主執爐問訊。傳爐人舉盤。次第至懸旛處。鳴引磬。四人齊問訊。二表白先同拈香。三問訊。對面立桌兩邊。主法亦拈香三問訊。與正表並肩立。齋主拈香三拜已。與助表並肩立。表白振鈴。敲鼓鈸一陣。正表直白。

上來發符圓滿。茲當升揚寶旛。先迎四聖以光臨。次召六凡而赴會。」起梵白云發符懸旛。佛有真言。助和謹當宣誦。

香 唱咒時。香燈懸大旛。唱至起快板時。化紙錁放鞭爆。 表 表白振鈴持咒云。

稽首甘露軍吒利　威德廣大不思議

咽中流出妙真詮　普使羣生皆獲益

南無賀囉怛那怛囉夜耶」。南無室遮那里」。伐左囉播那野摩訶藥叉臬那鉢多訶野」。南無伐只囉骨魯馱。耶摩訶能瑟吒囉德迦吒耶佩囉縛耶阿臬以乃母。莎囉波囉秫波舍。賀薩哆。」阿密哩哆軍那哩戶唵佉佉佉呬佉呬。
呼盧。呼盧底瑟以吒底底瑟吒滿馱滿馱。」賀那
賀那那訶那那訶鉢左鉢左。」親那。親那。頻那頻
那。誐哩以誐左。」誐哩也佐達哩佐達哩誐佐
薩普吒耶。薩普吒野薩哩縛。尾勤那。尾那。野
迦囉摩訶誐囉鉢底以那[illegible]尾哆頞德迦。囉
野吽吽。泮泮。泮娑訶。戶唵。步步帝哩。迦哩
哆哩。怛他誐多耶。一遍呪畢促鈸已助表直白云

上來懸旛已畢。無限良因。恩沾沙界。和南聖眾。鈸一陣。

香 香燈頭收科儀鼓鈸先回壇。傳爐香燈收鈴水盃。仍放盤內。香燈鳴引磬。法師齋主問訊。傳爐人舉盤。次第回壇。鳴引磬齊問訊已。表白振鈴。煞鼓鈸一陣。主法押磬。正表舉。

栴檀海岸。爐爇名香。耶輸子母兩無殃。火內得清涼。至心今將。一炷徧十方。主法拈香讚內三拜。齋主拈香。

至香雲蓋三拜。不煞鼓鈸。接回向偈云。

願生西方淨土中。九品蓮花為父母。花開見佛悟無生。不退菩薩為伴侶。不煞鈸正表直白云

發符圓滿。水陸揚旛。恩沾沙界。和南聖衆。

煞鼓鈸三通鳴引磬

禮佛三拜出堂。

△辯正舊本志心歸命請常住三寶下。小註有不拜只問訊五字之誤。謹按作者之意。謂水陸佛事。乃動天地感鬼神之大法。若不歸命三寶。請求加被。恐凡心難以格聖。所舉將成虛設。故起首即用歸命請加一條。此意考諸法師釋經造論。未入正文。先有歸命請加一科。取彼證此。決然無疑。此誤又因一請字而來。後人以爲是請符官。故置不拜等五字。或謂此是源洪法師所註。豈有舛錯。不知此五字。決非源師所註。實後人妄加。何以知之。如下文伏乞從容聽覽處註云。此文發符正表作白。告赦助表作白等十

四字。是明指不速而疾之文。而置於從容聽覽之下。張冠李戴。豈是源師所註者耶。乃後人任意出入校訂稍不留意。遺誤至今。非但小註爲然。大字亦有錯誤。如同一灑淨眞言。或作伐什囉吽登。或作什伐囉㖶登。前後互異。幾令人無所適從。豈譯人方言之楚夏耶。抑亦抄寫者之過咎耶。凡類此者。今皆更正。附辨於此。明者諒之。校訂者識。

◉第三行啟請上堂法事　第四日五更時

發符後即整備內壇。將法事桌四張向外安設。壇前門上掛請聖旛十首。旛上書十席總名。須依儀文位次。切勿錯亂。門口架仙橋布一幅。一頭縛於天香机上。一頭在天井中。須用重物壓定。天香爐旁置水盃兩只。小紙花兩盤。龍車十張。天香机門外備大香爐一只。小火鉗一把。以便奉請時焚化。另於靜處設一浴亭狀如維摩單式。四圍用帳幔。中即浴室。內置大面盆一個。新手巾兩条。至時放溫水。浴室前設方桌一張。桌幃爐臺。桌上備小紙花兩盤。桌前蒲墊兩個。化紙鍋一只。火鉗一把。佛衣一百零五件。用木盤裝。置浴室旁。各席換長燭。俱周備已。◯第四日五更時起身。發擂焚香供水等儀。與前一日同。法師齋主點心事畢。焚香燭。知客請齋主進壇禮佛迎請。三法師帶具。至壇向外立。各拈拜已。齋主上香竟。主法鳴磬三下三拜。鼓鈸三通。表白振鈴畢。執爐同唱言。

至心歸命禮。十方法界。諸佛法僧。常住三寶。◎。

一拜鼓鈸已表白振鈴述然香偈咒云

〇諦此妙香緣起法　本來無物即真空

太虛周徧盡香雲　即此難思為妙假

〇非有非空皆絕待　雙遮雙照必亡中

仰憑中觀妙心香　是日殷勤修法供◎

正白　我佛如來。有然香真言。謹當宣誦。

唵什伐栗多　末你　阿鉢羅句吒　蘇

破囉尼　毗迦知　虎吽 誦咒三徧　香 香燈上香設拜。

主 主法想香雲徧滿十方佛剎。一切賢聖咸起護念。　表 表白振鈴述偈云。

○性水真空周法界　湛然一器假難思

若於空假二俱亡　畢竟全彰中道義

○以此觀心融法水　以茲法水淨諸塵

若依若正盡光嚴　洞徹十方無障礙◎

助白

我佛如來。有灑淨真言。謹當宣誦。

唵伐什囉　賒咩耶　吽發　悉哩摩唎

娑訶　誦咒三徧

香　香燈以水灑淨道上。

主　主法想水至仙橋上。即成廣博淨道。如光明雲。樓閣千萬。重累其上。

表　表白振鈴述召請偈。

○稽首十方無上覺　圓詮教行理三經

大心菩薩大乘僧　緣覺聲聞三寶眾

○傳教四依稱列祖　天仙八部衆神王
我今普度建壇場　願展慈光垂密證

表 偈畢正表作梵聲宣召請文。

伏以問訊非如非異。是為以佛眼觀。何聖何凡。此則於法界一」境俱智寂。體兼用冥。函與蓋以相應。水共波而不別」。至若隨時起教。為實施權。雖分別於多門。終指歸於一」道。然則理由事顯。化以機興。亡絕待中。固不涉離微之論。顯正因性。必須憑緣了之修」。是以明燈獻華。低頭合掌。要莊嚴於萬行。俾圓妙以三身。故知寓跡於有為。畢竟歸元於無作」。爾乃恪遵洪範。庸尚多儀。崇水陸之清齋。極地天而普濟」。妙供養海。納眾流而愈深。勝功德林。挺千枝而並秀」。今則特開嘉會。寅奉慈尊。延內懷四攝真人。集外現二一乘高士」。召五通之仙黨。來八部之天倫。撫盛席以端居。即香餚而

克享」。（助表同和）施心既啟。覺慧徧知。恭事請迎。願

垂臨降◎。（煞鼓鈸一陣表白振鈴同聲奉請云）

【主】（主法齋主出位拈香。并散花於淨道已三拜。以下各席奉請例此。）

首席　一心奉請。（問訊）盡虛空徧法界。十方常住。一切

諸佛。并諸眷屬。（香燈焚龍車一張以下每席皆同此）

一心奉請（問訊）

正　清淨法身。毗盧遮那佛。

助　圓滿報身。盧舍那佛。

正　千百億化身。釋迦牟尼佛。

助　東方藥師瑠璃光佛。善德佛等。十方法界。一切諸佛。

正　西方極樂世界。大慈大悲。阿彌陀佛。

助　兜率天宮。一生補處。當來下生。彌勒尊佛。

正　過去大通智勝佛等。一切過去諸佛。

助　現在淨華宿王智佛等。一切現在諸佛。

正　未來華光佛。華足安行佛等。一切未來諸佛。

助　過去莊嚴劫。始自華光佛等。千佛。

正　現在賢劫。始自拘留孫佛等。千佛。

助　未來星宿劫。始自日光佛等。千佛。

正　十方法界。一切諸佛。全身舍利寶塔。

惟願不違本誓。哀憫有情。是日今時降臨

法會。◎ 。煞鼓鈸一通
以下俱同

主　主法想十方諸佛。各乘蓮座。雲集而來。罢塞虛空。了了可見。彼諸佛雖常能應。實由我心所感。然能所皆由心具。非從外來。

二席 一心奉請。盡虛空。徧法界。十方常住。一切尊法。并諸眷屬。 一心奉請

正 大方廣佛華嚴經。梵網戒經。諸經法寶。

助 鹿苑會中。佛集本行。四阿含等經。諸經法寶。

正 方等諸會。淨名金光明。地藏十輪等經。諸經法寶。

助 大品般若。仁王金剛般若等經。諸經法寶。

正 大乘妙法蓮華經。大般涅槃經。諸經法寶。

助　專談淨土觀無量壽佛經等。諸經法寶。

正　五時所說。大小兩乘。諸部律論。一切法寶。

助　西天此土。三乘聖賢。說經造論。著述疏記。

正　龍宮所祕。竺土未來。諸經律論。一切法寶。

助　十方國土。水鳥樹林。塵說剎說。一切法音。

惟願不違本誓。哀憫有情。是日今時。降臨法會。◎

主　主法想十方諸佛所說大千經卷。無邊教道。能開妙解。

是爲教經。教即般若。以般若之智。在於說故。復能照了諸經。所詮一切行門。依而行之。必能感果。是爲行經。行即解脫。以解脫之用。從緣起故。復知無邊教道。一切行門。法法當體。即是實相。是爲理經。理即法身。以法身之理。是所顯故。然此教行理者。雖有三名。不出一體。修圓觀者。一心中得。作此觀時。當知教由智說。即是眞諦。行從緣起。即是俗諦。體此實相。即是中諦。三諦一心。無前無後。即是圓悟不思議之三經也。又須諦觀十方常住。無量經卷。常放光明。離染清淨。爲赴我請。顯現道場。而此顯現。皆由我能感。及以本具。

三席

一心奉請。盡虛空。徧法界。十方常住。諸菩薩僧。并諸眷屬。

一心奉請

正　文殊師利。八萬大士。普賢大師。無邊菩薩。

助　觀世音。大勢至。一生補處。清淨海眾。諸大菩薩。

正　藥王藥上。寶積導師。法華經中。諸大菩薩。

助　賢首智首等。七處九會。華嚴經中。諸大菩薩。

正　善財歷參。漸證陞進。五十三位善知識。諸大菩薩。

助　信相金藏。常悲法上。金光明經中。諸大菩薩。

正　兜率內院。常隨補處。無著天親等。諸大菩薩。

助　日藏。月藏。虛空藏。金剛藏。地藏等。諸大菩薩。

正　五時法會。發起證信。助宣佛化。諸大菩薩。

助　藏通別圓。斷證差別。所歷地位。諸大菩薩。

惟願不違本誓。哀憫有情。是日今時。降臨法會。

主　主法想十方菩薩。各乘寶座。雲集而來。諸位聖賢。皆當作感應心。具三義運想。

四席

一心奉請。盡虛空。徧法界。十方常住。諸緣覺

僧。并諸眷屬。　一心奉請

正　仁王護國經中。八百萬億大仙緣覺。

助　佛出世時。從山中來。五百獨覺。

正　佛法滅後。一時出現。七百俱胝獨覺。

助　出有佛世。聞法得道。諸大緣覺。

正　出無佛世。自然悟道。諸大獨覺。

助　出無佛世。部行麟喻。諸緣覺獨覺。

正　具相不具相。諸緣覺獨覺。

助 現通不現通。諸緣覺獨覺。

正 說法不說法。諸緣覺獨覺。

助 通教八地辟支佛。藏教辟支佛。

惟願不違本誓。哀憫有情。是日今時。降臨法會。

主 主法想十方緣覺獨覺。嚴肅威儀。從空而至。

五席 一心奉請。盡虛空。徧法界。十方常住。諸聲聞僧。并諸眷屬。 一心奉請

正 鹿苑先度五比丘。最後須跋陀羅。諸阿羅漢。

助 世尊高弟。大迦葉。阿難陀等。十大弟子。

正 靈山聞法。大比丘眾。萬二千大阿羅漢。

助 靈山得記。學地無學地。諸大聲聞眾。

正 五時聞法。學地無學地。諸大聲聞眾。

助 世尊滅後。結集三藏。阿難陀等。諸阿羅漢。

正 住世十六大阿羅漢。萬六千九百弟子眾。

助 天台山方廣聖寺。住世五百大阿羅漢。

正　慧俱無疑三解脫。信行法行。六種阿羅漢。

助　通教體法已辦。藏教學無學。內外七賢眾。

惟願不違本誓。哀憫有情。是日今時。降臨法會。

主　主法想十方聲聞。嚴肅威儀。從空而至。

六席　一心奉請十方法界。傳持教法。禪律諸宗。諸祖師僧。并諸眷屬。　一心奉請

正　西天傳教。迦葉龍樹。師子尊者等。二十八祖。

助　北齊南嶽。天台章安。荊溪四明。等諸大法師。

正　發揚般若。真空性宗。西天東土。諸大法師。

助　禪宗達磨。下及六祖。青原南嶽。等諸大禪師。

正　宗經立懺。發露洗罪。自度度人。諸大法師。

助　廬山蓮社。圓悟法師。歷代往生淨土諸法師。

正　賢首教主。國一法師。清涼圭峰。諸大法師。

助　慈恩教主。大乘法師。瑜伽密教。灌頂國師。

正　律宗十祖。南山澄照律師。記主大智律師。

助　譯經摩騰竺法蘭。求法玄奘三藏等。諸法師。惟願不違本誓。哀憫有情。是日今時。降臨法會。

主　主法想諸祖師。嚴肅威儀。從空而下。

七席　一心奉請。十方法界。助宣佛化。持明造論。五神通仙。并諸眷屬。　一心奉請

正　過去十方諸佛。往昔因地。同行五神通仙。

助　釋迦文佛。往昔因地。同行千聖王。五神通仙。

正　釋迦文佛。往昔同行忍辱。五神通仙。

助　護育釋種。瞿曇仙人。占相太子。阿私陀仙。

正　色界諸天。下生人間。為受道者。五神通仙。

助　華嚴會中。善知識衆。毗目瞿沙。一萬大仙。

正　鹿野園中。轉法輪處。往昔波羅奈仙人。

助　請雲雨會。那羅他九萬九千。五通仙人。

正　方等會中。阿瑟吒迦等。六十八大仙人。

助　諸國土中。攝諸咒術。造五明論。諸大仙人。

惟願不違本誓。哀憫有情。是日今時。降臨法會。

主 主法想十方五神通仙。容服肅敬。從空而至。

八席 一心奉請。十方法界。十大明王。穢跡金剛。諸大天王。護法諸天。并諸眷屬。 一心奉請

正 大威德不動尊等。十大明王。穢迹金剛聖者。

助 華嚴會中。妙𩄍海。大自在天王等。諸天王。

正 妙莊嚴宮。大梵天王。忉利天宮。帝釋天主。

助多聞天王。持國天王。增長天王。廣目天王。

正摩訶天女。大功德天。大辯天天母。摩利支天。

助金剛密跡神王北天大將。散脂修摩尊天。

正南天上將。韋馱尊天。菩提樹神。善女尊天。

助大地主母。堅牢地神。歡喜藥叉將。鬼子母天。

正散脂大將。所領二十八部。威德大權天神。

助法華會上。從佛聞法。人非人等。天龍八部。

惟願不違本誓。哀憫有情是日今時。降臨

法會。

主 主法想諸天天神。無央數衆。喜瞋威儀非一。聞今召請。從空而至。

九席

一心奉請。十方法界。護佛舍利壇塔。伽藍齋戒。護國鎮宅。諸大神王。并諸眷屬。

一心奉請

正　護佛舍利。般支分婆多祈利等。四大軍主。

助　護戒壇。堅固光耀。淨雲音等。十二大神王。

正　護佛塔。脩利犍陀摩利跋陀等。五大神王。

助

護伽藍。美音梵音。天鼓歎妙等。十八大神王。

正

護震旦國。毗首羯摩天子。迦毗羅大將。雙瞳目天女。一切神眾。

助

護受三歸。彌栗頭不羅等。護五戒。察芻毗愈他尼等。諸大神王。

正

護比丘。軻彌迦羅移嘻隸等。百七十二大神王。

助

佛滅度後。護佛弟子。多賴哆等。七神王。

正守鎮宮宅東方阿修訶等五方上首神王。助六齋觀察人間四天王各九十一子各八大天將四天捷疾使者。惟願不違本誓哀憫有情是日今時降臨法會。

主 主法想諸神王。威容嚴肅。聞今召請。從空而至。

十一席 一心奉請發揚水陸流通至教製儀立法諸大士并諸眷屬。一心奉請

正　發揚施食流通至教。阿難陀尊者聖師。

助　最初示夢勸興水陸。梁朝神僧聖師。

正　勸發製水陸儀。梁朝誌公尊者聖師。

助　製水陸齋儀。國主救世菩薩。梁武皇帝。

正　最初建會。秉法宣文。梁朝祐公律師。

助　中興水陸齋法。唐朝法海英公禪師。

正　總持感驗。稱名樓至。宋朝佛印禪師。

助　詳定舊儀。申明齋法。長蘆賾公禪師。

正繼述儀軌。脩文行世。四明東湖。志磐法師。

助補輯儀規。重興齋法。蓮池大師。源洪法師。

正修崇齋法。繪像製讚。太師蘇文忠公。

助祖述舊儀。製文行世。東川節推楊公。

惟願不違本誓。哀憫有情。是日今時。降臨法會。

主 主法想諸大士。願力深重。聞今召請。齊降法筵。 表 助表白云。

上來奉請。上堂三寶。十席聖賢。無央數眾。一念能感。聖應昭然。更誦密言。用伸勸重。

我佛如來。有奉請真言。和 謹當宣誦。此咒須低聲舉

南無三滿多 母陀南 唵 烏佐鉢囉

諦 賀多諦 薩縛怛他孽多 俱舍冒

地 唵娑哩耶 沒哩布囉迦也薩訶 三徧

主 主法想上來奉請三寶諸天。及一切聖賢。普皆雲集。住淨道上。寶樓閣中。光明交映。無有障礙。

香 香燈至浴所點香燭浴盆內放溫水。

表 正表合掌直白。

願因祕密。俱賜光臨。齋主歸依。虔誠作禮。

煞鼓鈸一陣。主法齋主出位三拜。請一切聖賢。前臨沐浴。[表]助表合掌直白。

金剛正體。豈非堅密之身。玉毫淨光。斯為真實之相」。畢竟本來無垢。當知何處有人。是則開陳沐浴之門。為欲洗滌塵勞之類」。冀回蓮瞬。俯鑑葵傾。將奉導於聖儀。幸前臨於溫室。煞鈸一陣

[香]香燈收鼓鈸科儀。至沐浴所。科儀放桌兩邊。鼓鈸另放一處。一香燈收鈴子水盂二只。放盤內。傳爐立定。看壇香燈候法師齋主出壇。將法事桌科儀蒲墊等俱向內安置。

[表]香燈鳴引磬。法師齋主執爐問訊。傳爐人舉香盤出壇。

請諸聖臨浴所。至浴室前二表白放手爐。拈香三瓣炷爐。三問訊。再拈香一瓣。放浴盆內。又散花灑淨畢。放帳幔。對面立桌兩傍。振鈴起鼓鈸一陣。主法遞手爐於香燈。拈香三問訊。與正表並肩立。香燈接齋主手爐。拈香三拜已。隨遞手爐。與助表並肩立。正表直白云。

「蓮華藏海。當體圓成。流泉浴池。隨處顯發。」湛湛兮八功德水。巍巍乎五分法身。須知諸佛元不洗塵。為欲眾生皆令離垢。」想見受茲灌沐。夜月之印澄潭。現諸威儀。朝曦之升遠漢。」

敬宣密語。請濯溫泉。用表法門。不壞世諦。（隨白）

我佛如來有沐浴真言。（和）謹當宣誦。

唵 底沙底沙 僧伽 娑訶（三徧動鈸 ○香燈化佛衣）

【主】主法想此浴室七寶所成。寬廣嚴淨。一切聖賢。隨順施者獻浴之意。皆入中浴。

【表】表白振鈴宣偈。

○諸佛法身常本妙　以由緣了為莊嚴

寂而常照絕言思　如谷答聲無不應

○載仰三乘并八部　隨宜益物顯慈威

至哉方便有多門　端自大權悲智起

○此日修齋興普度　十方賢聖悉雲臨

為陳沐浴順彝儀　了達聖軀元離染

○曠矣戒池無有際　湛然定水鎮常盈

澡除心垢得清涼　要使羣生開妙悟

主　主法想諸聖賢。一一浴畢出室。　香　傳爐香燈收鈴子水盃放盤內。內壇香燈點香三十六枝伺候。　表　助表直白。

沐如來金剛身。示同塵凡之法。著舍那珍御

服。用嚴尊特之容。惟大聖之既臨。諒羣從之必至。」是則星羅開士。霧擁聲聞。梵王執蓋以當空。帝釋散花而布地。」飛旛前導。鳴樂後隨。冀俯就於道場。用肅成於齋事。

煞鼓鈸一陣已。香燈頭收鼓鈸科儀送壇內。一香燈收鈴水盂放盤內。一香燈鳴引磬傳爐人舉盤法師齋主一同問訊。請諸聖回壇。各至壇已。主法齋主放手爐。隨表白十席上香送位。香燈送香主法一枝。齋主兩枝。乃至韋䭾前上已。歸位。表白振鈴。煞鼓鈸一陣。正表合掌直白獻座文云。

惟聖賢之既至。慮几席之未嚴。照中道妙觀心。達法性無住本。全體顯發。當念出生」師子座盈滿虛空。寶華臺周徧國土。莫不高廣。悉有光明。仰冀慈悲。俯垂納處。

我佛如來。有獻寶座真言。謹當宣誦。

唵 旃慕伽 鉢頭摩 遜那絺 馱囉馱羅抳漫拏絺吽 三徧

主 主法想道場廣博嚴淨。無量寶座。周帀虛空。一切聖賢。安居其上。

表 助表直白然香文。

趣舉一香。備明三觀。是以了真空。則無性無相。寄妙假。則為蓋為雲。不離緣起之心。全彰中道之理。以茲法供。達彼凡誠。恪誦靈文。益資勝用。

我佛如來。有然香真言。謹當宣誦。

唵阿歌囉　阿歌囉　薩縛苾地耶　馱囉布爾底　莎縛訶三徧

香 兩香燈捧爐至上堂十席熏香。

主 主法想此香雲。出生無量七寶宮殿供具。衣服。妙樂。妙花。甘露餚饍。於諸聖賢之前。一時奉供。無不周徧。

表 正表直白獻花文。

惟眾花之開發。表萬行之莊嚴。是故信解以植立其本根。精進以扶疏其枝葉」。既潤之以定水。又拂之以慧風。蓋將培自己功德之林。於以顯本有圓實之果。

我佛如來。有獻華真言。謹當宣誦。

唵阿歌囉　阿歌囉　薩縛悉地耶　馱

羅布爾底　莎縛訶 三遍 【香】二香燈持花盤於十席散花。

【主】主法想所奉花。出生七寶臺殿。珍妙衣纓。天樂妙香。甘露餚饍。種種供具。重重無盡。於各聖賢之前。一時奉供。無不周徧。【表】助表直白灑淨文。

一器之水至約。三諦之功宛存。是以論其性。則本於真空。隨所用。則現乎妙假」。二邊莫立。中道不安。憑圓觀之融通。助真言之祕密」。潔茲座席。淨諸根塵。是皆即事以明心。要在忘情而照理。接白我佛如來有灑淨真言。謹當宣誦。

唵伐什囉 賒咩耶 吽癹 悉哩摩呬薩訶 三遍 香 二香燈持水盂十席灑淨已。送證盟疏於正表。齋主拈香長跪。

主 主法想水至一一座席諸供養上。無不光潔。 表 正表宣疏作梵白云。

奉延三寶畢。集諸天。已安住於道場。復證明於齋法」上來脩建法界聖凡水陸普度大齋勝會道場。茲當奉請上堂十席聖賢。已荷光臨。必因疏旨。用達自情。恭對敷陳。伏惟采聽。◎

白己三法師同問訊跪下。正表宣疏。至頓首具疏。俱起立。

煞鼓鈸一通。主法直白懇禱文云。

仰投尊境。虔露卑忱。如是祈求。誠為懇切。載念脩崇之際。應多簡陋之愆。或主法者無德以堪。或行施者用心之隘。或道場之失度。或供事之闕儀。諒在大慈。少寬眾過。俯徇下愚之請。冀成曠濟之緣。惟福報稍微者。尚恐莫聞。若罪情極重者。何由可至。勅梵王而肆赦。

囑帝釋以垂恩。分差捷疾之倫。各領通傳之任。盡令七趣。俱會一時。」惡業不宥之因徒。當蒙自便。業累相關之罪輩。悉使偕來。矧惟徧知。常興普應。」是以淨光照燭。無幽而弗明。神力提持。何苦而不拔。」敢祈威重。少俟須臾。為受清齋。勉從至願。衆等無任。懇禱激切屏營之至。

煞鼓鈸三陣。禮佛三拜。回本處。香燈守護內壇。勿令雜人竄入。干犯齋禁。

◉第四行供上堂法事

原本請上上下堂席。席均有觀註。而供則無之。若供時無觀。則上堂所供誰人。所求何願。下堂誰人受供。所得何益。似無歸宿。殊爲缺憾。今補之以完全璧。諒亦智者之所許也。請上堂已。早膳畢。香燈令廚司辦齋筵一席。上堂供菜九大碗一桌。六色供菜供飯十席。饅十八個。又備獻供供品六色。一香。用小銅爐燒沉速香。二花。用小花瓶插新鮮花。三燈。用小燭臺燃燈燭。四食衣。用細麵點心細布祖衣。五寶。用珍珠金玉等。六法。錦裝小經一函。此名六塵妙供。將此供件預置普供桌旁。又備小茶几兩張。拜墊四個。分擺上堂二三席前以便上供時用◯辰時至。搬取供菜。普供桌上齋一席。飯三盃。饅首三個。上堂第一席菜九大碗。饅四個。飯十三盃。二至九。各席飯十盃。第十席飯十二盃。每席六色供菜五盃。饅首一個。韋闕二聖前饅飯菜各一盃。如法供齊。午食畢。已時至。燒香燃燭。知客領齋主迎請法師帶具進壇。次第拈香禮拜。鼓鈸三陣。振鈴。執手爐同聲唱言。

至心歸命禮。十方法界。諸佛法僧。常住三寶◎

一拜置爐動鈸已二表白振鈴宣偈咒偏食。

歸命三尊無有上　天仙八部共垂慈

我今依教奉清齋　為誦密言先徧食

正表合掌直白

諦觀茲食。不外吾心。由知諸法常融。故得六塵互徧。是則出醍醐之上味。宣栴檀之清芬。雨七寶以穰穰。散四華而灼灼。聳光明之臺殿。列殊勝之輦輿。仙樂鳴空。笙磬之音間作。天衣擁霧。珠瓔之飾下垂。以念念具足不虧。故彼彼莊嚴無盡。惟此道場之內。紛然事儀之多。是以淨水明燈。懸旛揭蓋。金鐃之聲震幽谷。梵唄之響薄層霄。悉入此宗。元非他物。」至若了目前之法妙。觀世間之相常。鵲噪鴉鳴。總是深談般若。溪光山色。無非全露遮那。亙古今不昧己靈。極依正皆成法供。」莫不自存妙假。性本真空。雙照二邊。全彰中道。用一心之圓觀。扶三德之密言。庶憑助顯之功。用發等熏之意。」我今持誦。無量威德自在光明勝妙力陀羅尼。加持法食。悉令周徧。

主法押磬香燈鳴魚同念變食眞言廿一徧正表舉。

曩謨薩嚩怛他蘖跢。嚩嚕枳帝。唵。三跋囉。三跋囉吽。咒畢動鈸

[香]誦咒時。二香燈持水盂。灑淨於上堂十席飯菜上。〇經云。若欲供養三寶。應以香花飲食。加持二十一徧。則成天肴饍上味。奉獻十方三寶。即爲滿足檀波羅密。

[主]主法想此淨食。出生種種甘露上味。及香肴饍。如前變食文中。六塵互徧。彌滿法界。又知依正莊嚴。一切諸法。妙觀觀之。均爲法供。一時普獻十方三寶。天仙聖賢之前。無不周徧。

[表]助表振鈴合掌直白。

唯是一心。唯是一食。以唯食則一切法趣食。以唯心。則一切食趣心。此心融時食亦融。於法等者食亦等」。是則普入三際。其性常住。大包十虛。其體恆周」。性常住故。一念不生。體恆周故。當處不動」。不動則一切處有。不生則一切念空。一切念空兮真空不空。一切處有兮妙有非有」。圓照二諦兮不取不捨。融會一如兮絕言絕思」。如是觀心。如是觀食。何心非食。

何食非心。是為同一覺源。畢竟俱名法界」。作梵今則奉為薦亡稱正薦名延生稱齋主名宏開嘉會。上奉慈尊。敢輸檀越之誠。仰效純陀之供」。正接大慈憫物。宏誓在懷。為度有生。示受此食。煞鼓鈸一通二表白振鈴執手爐同

唱奉供云

一席一心奉供。問訊盡虛空。徧法界。十方常住。一切諸佛。并諸眷屬。主法至第一席拈香設拜已令齋主拈拜每席皆同

惟願一舉置爐不違本誓。安住道場。是日今時受

茲供養◎。煞鈸已表白振鈴宣偈下皆例此

○法性體周誰不具　修成報智是為真

自他受用事雖殊　應化實由機感見

○此土能仁宏教主　西方清泰聖王師

天宮慈氏俟當來　補處下生宣大化

○三世十方無上士　人間天上獨稱尊

自茲以外徧塵沙　無量無邊俱奉供◎

正表執爐作梵音讀　伏以問訊遮那妙體。無非十界十如。

般若靈知。不出一人一念」起上下冥資之智。現自他受用之身。雖實報之是居。於寂光而不動」至若乘時利見。設化知宜。為九道之歸依。獨尊無侶。以一音而演說。得解隨機」良由自住大乘。乃能究盡諸法。壽量極長。則逾於塵點」光明徧照。則過彼河沙。定慧力以自莊嚴。天人類無不宗奉」惟願湛然真應。熟此方震旦之緣。曠矣大慈。受茲日檀那之供」問訊置爐

助接 示八自在。顯六神通。冀普度於迷流。俾咸登於樂土。同和 故我一心歸命頂禮。◎。鈸一陣下皆例此

香 香燈傳爐置第二席几上以便主法齋主拈香。

主 主法想十方諸佛。冥鑒齋家懇啓之誠。現起受用。默允納受。滿如請願。

二席 一心奉供盡虛空徧法界。十方常住一切尊法。并諸眷屬。惟願不違本誓。安住道場。是日今時。受茲供養。

○佛說華嚴圓頓旨　聲聞聾啞未堪聞
脫珍著弊為施權　不動寂場遊鹿苑
○方等廣開諸法會　褒圓歎大俾回心
盛談般若顯真空　成熟羣生開佛慧
○最後靈山宣妙法　指權即實更非他
涅槃唱滅捃殘機　演說真常明佛性
○經歷五時俱有序　分張八教本隨宜
了知曾不外三千　故我今辰勤奉供

助表執爐作梵音讀 伏以軌之成道。法為諸佛所師。煥乎有章。經通五人共說」列八教偏圓之目。開三乘小大之門。雖初後之多時。實卷舒於一化」如筏喻者。已到岸則應捨所乘。以指言之。既見月則必忘其示」然則出世度生之本。在乎開權顯實之功。是知說斯要於靈山。將欲演茲文於大地」遂令末代。獲究真詮。識箱轂輪軸。更無別車。會沼池江河。皆同一水」唯願正因體徧不遺。此方震旦之緣。中道理彰。豈外檀那今日之供」（正接）言辭寂滅。性相混融。冀普悟於迷倫。俾咸開於本覺。（同和）故我一心歸命頂禮。

[香] 香燈傳爐置第三席几上。

[主] 主法想十方尊法。悉知齋家懇啓之意。各起慈心。默允納受。滿如請願。

（三席）一心奉供。盡虛空徧法界十方常住。諸菩薩僧。并諸眷屬。

惟願不違本誓。安住道場。是日今時。受茲供養。

○妙德普賢諸法子　輔宣妙法振中天

觀音勢至德難量　世仰樂邦稱補處

○賢首善財知識衆　曰藏月藏地藏儔

圓初住至後心人　皆是法身諸大士

○成道劫長常隱實　度生情切故揚權

十方菩薩大乘僧　於此一時俱奉供

正表梵白　伏以立四宏之誓本。志在菩提。滿六度之行門。功由般若」。往古來今而常住。此方彼界以周旋。將悉動於羣機。俾率循於實道」。以行悲之大。遂常為五道遊。由出假之強。永不與二乘共」。至若娑竭羅海中教化。兜率陀天上敷揚。威神示現於普門。誓願度盡於眾生」。皆所以用自性不思議智。應眾生所喜見身。既影響於當時。復津梁於末代」。惟願等觀一子。念震旦之緣最深。寂對三輪。知檀那之供無著」。助接密回慧照。俯運慈心。冀廣度於迷流。俾咸登於樂土。同和故我一心。歸命頂禮。

【香】香燈將第二席盤几移於第四席下。皆例此。

【主】主法想十方諸菩薩僧。悉知齋家懇啓之意。各起慈心。默允納受。滿如請願。

四席

一心奉供。盡虛空徧法界。十方常住。諸緣覺僧。并諸眷屬。

惟願不違本誓。安住道場。是日今時。受茲

供養。

○出有佛時知學道　聞因緣法悟無常

如斯得度號中乘　以鹿為車方便說

○滅後未來常示現　自然覺悟豈無因

部行應化接當機　究竟權方皆實義

○獨拔利根麟帶角　更侵習氣炭成灰

十方緣覺聖賢僧　於此一時俱奉供

助表
梵白　伏以緣覺獨覺。何遽列於兩名。內觀外觀。只同歸於一道。」具相不具相以論大小說。法不說法而別智愚。」由一念空。以及根塵空。自無明滅。乃至老死滅。」歷去來今世。斷苦惑業因。永盡見思。故不行於正使。常耽寂定。姑取證於無生。」加更侵習氣之功。故特出聲聞之右。三多積行。十地分階。」稟教次第。則從佛乃知。覺物榮枯。則無師自悟。」惟願助宣正化。熟此方震旦之緣。權示中乘。受茲日檀那之供」正接密回慧照。俯運悲懷。冀廣度於迷流。俾咸登於樂土。同和故我一心歸命頂禮。

【香】香燈將第三席盤几移於第五席下皆例此。

【主】主法想十方諸緣覺僧。悉知齋家懇啓之意。各起慈心。默允納受。滿如請願。

五席一心奉供盡虛空徧法界十方常住諸聲聞僧。并諸眷屬。

惟願不違本誓。安住道場。是日今時受茲供養。

○初度五人僧寶始　世尊高弟飲光倫
靈山一會實多徒　萬二千人無學侶
○須跋陀羅居最後　五時聞法數難知
涅槃已過眾聲聞　三藏遺言俱結集
○十六真人親受囑　未來為世福田師
十方常住聖賢僧　於此一時俱奉供

正表
梵白

伏以人分七方便。自加行至於停心位。列四沙門。由無學訖於見道。」是皆知苦斷集。

帶果行因。為析法之權根。會人空之真理」。至若證已辦地。入大乘門。其所學般若同。是故與菩薩共」。內祕大心之行。外聞佛道之聲。既皆為賢聖之僧。故應受人天之供」。惟願妙堪佛囑。熟此方震旦之緣。允副凡情。受茲日檀那之供」。助接 密回慧照。俯運悲懷。冀普度於迷流。俾咸登於樂土。同和 故我一心歸命頂禮。

主 主法想十方諸聲聞僧。悉憐齋家懇啓之誠。各起慈心。默允納受。滿如請願。

六席

一心奉供。十方法界。傳揚教法。禪律諸宗。諸祖師僧。并諸眷屬。

惟願不違本誓。安住道場。是日今時。受茲供養。

○二十八傳迦葉始　就中龍猛道尤尊

教宏止觀盛天台　禪號別傳從達磨

○載仰東林修淨業　洪惟國一演華嚴

慈恩灌頂法性宗　至矣南山興律學

○歷代譯經造懺者　四依應世十科分
十方諸祖聖賢僧　於此一時俱奉供

助表梵白　伏以諸法界等。固知佛不度生。列祖意同。是謂人能宏道」。暨色心之論。弗合。致性相之徒暫分。豈欲自異其宗。蓋亦各權所據」。惟台崖之三觀總持百家。繄少室之別傳。流通五派」。自餘諸部。咸振一時。極其理則皆善圓談。約其教則各當正義」。唯江河皆會於海。而日星俱麗於天。以對機之有殊。故設化之無在。」惟願尊居師道。熟此方震旦之緣。冥監物情。受此日檀那之供。」_{正接}密回智照。俯運悲懷。冀普度於迷流。俾咸登於樂土。_{同和}故我一心歸命頂禮。

[主] 主法想宏法諸祖師僧。悉憐齋家懇啓之誠。各起慈心。默允納受。滿如請願。

_{七席}一心奉供。十方法界。助宣佛化。持明造論。五神通仙。并諸眷屬。

惟願不違本誓。安住道場。是日今時。受茲供養。

○過去恆沙諸佛世　因中同行五神通
釋迦千聖轉輪王　共入雪山俱得道
○歌利割身能忍辱　瞿曇團血復成人
華嚴毗目善財參　領攝萬徒為上首
○造論五明宏正法　持身苦行誘當機
十方無量大權仙　於此一時俱奉供

正表梵白　伏以外表大仙之相。顯示五通。中懷開士之心。常行四攝」敷草葉而作座。編樹皮以為衣。化固及於多徒。壽或延於一劫」威容異衆。去留在所以光明。方便濟生。咒願隨言而成就」至若釋迦學地之千聖。毗目知識之萬人。占儲貳而預卜休祥。忍割截而不興瞋恨」高風可仰。苦行難踰。極今古以無遷。畢自他而俱利」惟願助宣佛化。熟此方震旦之緣。冥監物情。受茲日檀那之供」。助接密回智照。俯運悲懷。冀普度於迷流。俾咸登於樂土。同和故我一心歸命頂禮。

【主】主法想諸五神通仙悉知齋家懇啓設供之意。各起慈心。默允納受。滿如請願。

八席

一心奉供十方法界。十大明王。穢迹金剛。護法諸天。并諸眷屬。

惟願不違本誓。安住道場。是日今時。受茲供養。

○十大明王同穢迹　華嚴海會眾天王

梵王帝釋四門天　功德辨才摩哩制

○密迹散脂韋馱等　樹神善女及堅牢

藥叉鬼母大天神　至此俱稱為護教

○八部天龍聞法者　二十八類顯威雄

十方無量大權天　於此一時俱奉供

助表梵白　伏以具大威德。故建號於明王。闡妙神通。遂稱名於穢迹」。唯力士英雄之狀。皆如來變化之方。欲顯正以摧邪。必揚權而隱實」。可愛樂獨尊於色界。得自在推長於欲天。大梵之王娑婆。亶作初禪之主。帝釋之君忉利。實司下土之權」。凡華嚴海會之神。及方等道場之眾。莫不輸誠立誓。護法安人。豈惟翼贊於當時。亦復扶持於末運」。惟願大揚佛化。熟此方震旦之緣。冥監物情。受茲日檀那之供」。正接密回智照。俯運悲懷。冀普度於迷流。俾咸登於樂土。同和故我一心歸命頂禮。

主 主法想。明王金剛護法諸天等。因齋家懇誠。各起慈心。默允納受。滿如請願。

九席 一心奉供十方法界。護佛舍利壇塔伽藍齋戒。護國鎮宅。諸大神王。并諸眷屬。惟願不違本誓。安住道場。是日今時。受茲供養。

○佛舍利光常照世　伽藍壇塔徧莊嚴

三歸五戒有堅持　諸大天神俱宿衛

○鎮國安家能錫祐　護人育物為延祥

六齋觀察四天王　太子巡行并使者

○南盡閻浮咸助化　東漸震旦亦蒙休

十方無量眾神王　於此一時俱奉供

正表梵白　伏以內熏宿誓。特冥本證之身。外化善權。故假神王之號。是以持佛舍利。護僧伽藍。效吉祥以鎮國家。放光明而守壇塔。衛五戒則來於天上。察六齋則降於世間。具大勢以伏諸魔。垂深慈而育羣品」靈而能應。猶空谷之答人聲。湛兮若存。類澄波之現月影」惟茲末代。嗟彼鈍根。學不真淳。心多懈怠」有能顯示威雄之相。親宣告誡之辭。庶愚情自策以知慚。俾善類相箴而寡過」惟願大方無外。熟此方震旦之緣。一物不遺。受茲日檀那之供。助接密回智照。俯運悲懷。冀普度於迷流。俾咸登於樂土。同和故我一心。歸命頂禮。

主 主法想護佛壇塔諸神。因齋家懇啓之誠。各起本誓。默然允許。滿如請願。

十席 一心奉供發揚水陸流通至教修儀繼軌。歷代大士。并諸眷屬。惟願不違本誓。安住道場。是日今時。受茲供養。

〇西域阿難為起教　東土勸行始夢僧

誌公贊機梁祖興　僧祐秉法初建會

〇唐代英公復中行　印師感驗賾師述

內翰蘇公親製讚　節推楊氏為修文

○四明東湖重繼述　雲棲真寂再中興

惟茲相繼最功高　故我今辰勤奉供

助表梵白　伏以體俱用寂。理同則生佛一如。智與情分。事異故聖凡十界」。欲至普熏之益。爰興等供之誠。植悲敬之兩田。具財法之二施」。自開端於慶喜。至製儀於武皇。感異人之見求。斯文未蠹。幸諸賢之繼作。此道彌彰」。不唯德重於傳宏。亦復功高於著述。時平而法甚盛。俗變則化幾亡。自非命世亞聖之材。何識設教度人之意。」惟願益堅宿誓。熟此方震旦之緣。冥監物情。受茲日檀那之供。」（正接）密回智照。俯運悲懷。冀普度於迷流。俾咸登於樂土。（同和）故我一心歸命頂禮。

【主】主法想發揚水陸諸大士衆。因齋家懇啓之誠。各運悲懷。默允受供。滿如請願。

【表】正表白云。

我佛如來有獻供養真言。和　謹當宣誦。

唵誐誐曩　三婆嚩　嚩日囉　斛三徧動鈸

主主法想十方諸佛法僧。見此妙供。各互徧法界。納受供養。悉皆歡喜。表助白

願因祕密不思議熏。悉使微看轉成妙供。奉諸聖賢。無不周徧。齋主歸依。虔誠作禮。煞鈸一陣

香一香燈立於普供桌之兩傍。領齋主至香爐前拈香三拜。長跪桌前。獻六塵供。每獻一種。至我佛如來有獻某眞言句。左邊香燈交與齋主。舉獻已。右邊香燈接置於普供桌上。以下五種均例此。表表白振鈴唱偈咒。

維此妙香真法供　久修戒定慧為熏
以由中道觀心融　徧法界中常奉供
正白
我佛如來。有獻香真言。謹當宣誦。
唵薩婆怛他揭多　杜婆布闍瞑伽　三
慕達囉　窣癹囉拏　三末曳　䋎三徧動鈸
主　主法想此所獻香雲。徧滿十方聖賢之前。一一如法供養。
維此妙華真法供　久修萬行為莊嚴
以由中道觀心融　徧法界中常奉供

助白

我佛如來。有獻華真言。謹當宣誦。

唵薩婆怛他揭多　補瑟波布闍暝伽

三慕達囉　窣登囉拏　三末曳　吽三遍動鈸

主

主法想此所獻華雲。遍滿十方聖賢之前。一一如法供養。

維此明燈真法供　是為智炬勝光明

以由中道觀心融　遍法界中常奉供

正白

我佛如來。有獻燈真言。謹當宣誦。

唵薩婆怛他揭多　你婆布闍暝伽　三

慕達囉　窣發囉拏　三末曳　許（三遍動鈸）

主 主法想此所獻燈雲。徧滿十方聖賢之前。一一如法供養。

維此現前真法供　忍衣智食妙難思

以由中道觀心融　徧法界中常奉供

我佛如來。有獻食獻衣真言。謹當宣誦。

助白

唵薩婆怛他揭多　阿弩怛囉婆　日嚕

跛摩　三摩地　婆鉢那跛那　部折那

薩網那　布闍瞑伽　三末達囉　窣發

囉拏　三末曳　叶三遍動鈸

王 主法想此所獻種種飲食茶果衣服如雲。徧滿一切聖賢之前。如法供養。

妙寶現前真法供　金剛能斷智難思

以由中道觀心融　徧法界中常奉供

正白

我佛如來。有獻寶真言。謹當宣誦。

唵薩婆怛他揭多　摩訶跛折嚕　嗢音溫

婆摩怛那　波羅密多　布闍瞑伽　三

慕達囉　卒發囉拏　三末曳　叶三遍動鈸

主 主法想此所獻七珍八寶。遍滿一切聖賢之前。如法供養。表 助表直白。

興曠濟懷。發大悲智。須行法施。以滿心期」。所謂取如來深妙之經。為眾生分別其義。不輕初學。但以大乘。豈令信受於一時。要必思修於此日」。成就六度。隨順四依。有能用心誘進其人。是為以法供養其佛。

我佛如來。有法供養真言。謹當宣誦。

唵薩婆怛他揭多　悟吧耶　摩訶鉢哩

鉢底 波羅密多 布闍暝伽 三摩達

囉 窣發囉拏 三末曳 絆三徧動鈸

主 主法想前所奉六塵妙供。能供之人。所供諸聖及中間物。悉皆無有。三輪體空。爲眞法供養。作此想時。三寶聖賢。咸皆歡喜。 香 香燈點香三十六枝伺候。

表 正表白衆念懺悔文云。

六塵妙供。供獻已周。大衆諷誦八十八佛。懺悔靈文。主 主法押磬香燈鳴魚敲鐘鼓衆同念正表舉云。

大慈大悲愍衆生云云◎念至第四句等字上主法鳴磬一下。香燈鳴引磬二下。表白執爐與主法齋主同問訊。出位上香已歸位。文完接唱。

南無大行普賢菩薩（三稱已接回向偈云）

願以此功德。普及於一切。我等與眾生。皆共成佛道。（煞鼓鈸一陣）

【表】（二表白回寮茶點聞磬一下速即進堂。）

【主】主法齋主齊跪。對三寶普說水陸緣起。拳拳懇禱。須明聲朗誦字句分明。令人易聞。至轉生淨土。鳴磬一下通知二表白進堂。又粵有奉佛某人處。當加齋主名字。主法直白云。

洪惟釋迦牟尼大聖人。不動法身。垂應茲土。

其於一代施化之迹。皆有可觀」。是故初為高山王機。演說大教。而其小根聾啞。未堪所聞。於是不得已。而調之以三教之漸。歷之以四時之久。逮乎機既淳熟。時亦將至。靈山一會。極暢本懷。大事因緣。得以開顯」。指九界之權即一實之道。點眾生之情。即諸佛之智。始知四十餘年不務速說者。於此更無餘蘊」。至於中間備明眾善。能為緣種。將可以成就萬行。

莊嚴法身本有之德者。則無不讚之。然於衆善之中。求其事簡而功最深者。唯施食一法門爾。」是故昔在阿難尊者。嘗於靜夜。見燄口鬼。前至白言。卻後三日。當生鬼趣。爾時阿難甚大驚怖。白佛求救。而世尊乃教之以具斛施食之道。且復授以陀羅尼法。俾詛少為多。以成法供。上奉三寶。次及婆羅門。下則施諸餓鬼之衆。咸命捨彼鬼身。生於天上。而阿難尊者。遂得以免三日之必死。延百年之具壽。其為自他得益之多。有如此者。此即施食起教最初根本也。」至我此土。梁武皇帝。萬機餘暇。遊心佛理。嘗於夜間。夢一高僧來謂帝曰。六道四生。受苦無量。宜建水陸大齋。以普濟之。帝於明旦。問諸羣臣沙門。莫知其義。唯誌公大士。勸帝廣尋經教。必有因緣。帝即遣迎大藏於法雲殿。積日披覽。創造儀文。三年乃成」遂於廣內嚴建道場。手捧儀文。悉停燈燭。告白三寶。而自誓曰。若此儀文。理協聖凡。願拜起燈燭。不爇自明。若此體式未詳。無所利益。其暗如初」。言訖一禮。燈燭盡明。再禮宮殿震動。三禮空中雨花。乃於江上金山名勝之地。以二月望日。始命僧祐律師。親宣其文。當時利益羣品。應驗非一。齋法之行。於茲為盛。此是水陸起教之始。竊詳其事。即阿難施食之遺意也。」陳隋之間。此法暫隱。至唐高宗咸亨年中時。則有西京法海寺。英禪師者。因夢中往泰山府君所。為演法事。後過旬日。獨坐方丈。見一異人。衣冠甚偉。前來告曰。弟子向於府君所。竊覩尊容。且知慈德。及物甚多。弟子聞世有水陸大齋。可以利霑幽品。其文是梁武所集。今大覺寺吳僧義濟得之。久寘巾箱。殆欲蠹損。願師往求之。以來月十五日。如法修設。英公許之。尋詣大覺。果得其文。遂克日依法修齋。既畢。復見向異人。與徒屬十數人來致謝曰。弟子即秦莊襄王也」。又指其徒曰。此范雎。穰侯。白起。王翦。張儀。陳軫。皆秦臣也。咸坐本罪。幽囚陰府。昔梁武帝於金山設此齋時。前代紂王之臣。皆免苦得脫。弟子是時亦暫息苦。但以獄情未決。故未得脫。今蒙吾師。設齋懺罪。弟子與此輩。并列國君臣。皆承善力。將生人間。慮世異國殊。故此來謝。言訖而隱。」自是英公。常設此齋。而天下遵行之者逮今尤盛。凡世世之人。有欲息災除病者。欲求願乞福者。欲資糧來報者。欲升度先亡者。未嘗不以是為先務焉。」矧經有云。施諸鬼食。便能具足無量福德。則同供養百千俱胝如來功德。等無差別。信乎施鬼趣之食。既同供佛。亦應同彼三乘。及餘五趣。然則即此一食。普霑法界。平等廣大事。盡理到。如南嶽禪師所謂。上供十方佛。中奉諸聖賢。下及六道品。等施無差別。即此義也」我輩追惟佛祖。垂教天下。而於施食一門。致意勤切者。以一切眾生因得食故。有二種益。謂能近資色身。以行六度。遠資法身。以顯四德。原始要終。其實一道」我等生當末運。竊服真風。深知此道。普博深遠。供養中最。於是與我同志。恭依舊製。增益

新儀。謂於古人所立名位。不足者補之。上堂增諸宗祖師。護國神王。起教大士三位。下堂增諸靈神。及治獄神二位。使上下堂。各列十位。方爲整足。竊詳梁武首創此儀。在天台之前。是時宗教未明。故於名位未能盡善。今因而潤色之。非爲有所破立。識者詳之。

重出者删之。僧寶已開作三乘。請之。不必更虛立僧伽一位。或者以謂古人所立。不可輒去者。此徒能遵古。而不思其不然也。或以爲僧寶是總稱。三乘是別稱者。夫言總別。必前後異時可也。今於一處同時奉供。豈可得論總別也。

義未安者刊定之。改辟支佛爲緣覺。使無知者。免佛稱之疑。而於三乘之名亦可易曉。

意未已者附益之」。如隨筵城隍。當境宅神等。雖於福德神位中已通請之。今更別設。以見施家專奉意。「齋法之備。振古絕今。當莫有過於此者。罄法界等聖凡。即水陸空行一切有生。悉舉而普度之。如為一人。眾多亦然。既飽以食。又施以法。法施食施。無有二相。淨名所謂。於食等者。諸法亦等。諸法等者。於食亦等」。蓋此大乘法食。體是法界。法界之理。只一三諦。然則於食於法。均是三諦。而此理未嘗不平等也。」是故我輩。以能深推此理。觀食當體。本不可得。即真諦也。香味宛然。即俗諦也。非宛然。非叵得。既雙亡之。復雙照之。即中諦也。得圓解者。三諦一心。絕待。對無前後。如此照理。是為不可思議第一義諦。如此行施。是為無上第一法施也。」我等今者。為欲依第一義諦。行無上法施。廣度羣品。各遂正性。由是敬遵成法。開建大會。延四聖於午前。召六凡於初夜。盡十法界。致平等供。悲敬兩田。無不具足。求其所為之事。雖有別意存焉。莫不以此為緣。而大興普度於此日者也」。動天地。感鬼神。警昏迷。燭幽闇。不離當念。能發道心。不離此心。能開佛慧。然則所以能建如是廣大之功者。其在我大檀越此日之善用心也」。今則粵有奉佛（稱齋主名）敬發大心。修營齋法。聖凡等供。無或有遺。然恐儀禮未必周。精意未必至。以故未能感通聖心。利益羣品。而況於六道在迷眾生。障重過多。當召請時。未必一念。即能來至。誠如是。則法事雖舉。將成虛設。普度之功。其實何在」。是以我輩已於先時。敬憑使者。修書通請上堂四聖。及以諸天。已荷光臨。享茲微供。仍別委使者。通書致請下堂六道一切羣靈。及隨筵真宰。受薦先亡。冀在明宵。來趣法會」。然恐地府幽囚。未能自便。於是備錄施家拳拳之意。專發奏章。上達梵天。乞行大赦。仍備奏帝釋。號召四大天王。分遣天將。協同所委使者。徧報六道會內。一切羣生。仍已移文地府泰山城隍。當境諸廟。請各伺候天庭赦文指揮」。盡地府所屬。十方阿鼻諸大地獄。正住八熱。邊住八寒。諸大地獄。惡業重罪。歷劫未脫。一切極苦囚徒。及泰山城隍。當境諸廟。一應山間水邊。諸獨孤獄。輕罪拘繫。久未釋放者。殺害咒詛。怨讐。論對。未得伸理者。一切受苦囚徒。及當境管內。新死故亡。山林海島。一切横死傷亡。無祀孤魂。并人間地府。餓鬼類中。宿業為障。歷劫拘囚者。並照指揮。悉與放行。來赴道場。受供聞法。永脱幽途。轉生淨土。◎嗚磬一下表白進壇今則三寶在座。梵釋同臨。願於此時。特垂悲憫。所冀再與嚴戒天王諸將。令使先時所召六道羣生。若幽若顯。克在明宵。

無一不至」。如是言之。則知今辰所修齋法。福利所及。無有邊際。固雖三寶聖賢。無緣大慈。普救普護。所能至此。實在乎施主勤勤懇禱之心。以為之發起也」。故此虔祈。伏惟冥鑒。煞鼓一鈸

陣主法齋主起立

表　表白爲施主推廣普度之意。發願報恩。正表先作梵聲白

孤蟾高照。江河沼沚現影無偏。一雨均霑。草木根莖受潤不別」。是知此日所營梵福。豈唯

私門獨被洪休。要須專主於博施。始可得稱於普度」。敬推齋意。虔發願言。用舉殊勳。仰酬至化」。是以　元首恭祝。百辟俱資。懷父母之生成。感師友之訓誨。蒙受故業。銜荷舊恩」。念衣食之自來。暨屋廬之託處。當思報本。豈不知心。」「至若贊兩儀育物之權。明三教誘人之道。皆陳宏誓。冀表真誠」。（二句直白）敢對慈悲。特伸披露。（煞鼓鈸一陣）

表 以下正助二人輪次作梵腔白云。

正 修齋功德。恭為祝延。中華民國萬歲。大總統萬萬歲。伏願永膺多福。誕布嘉猷。允執厥中。日新盛德。克勤克儉。利國利民。中外驩心。咸歸德化。

助 修齋功德。恭伸仰祝。維副總統。擁護共和。為民造福。偉烈豐功。實事求是。開誠布公。兵強國富。蓋世之雄。

正

修齋功德。恭伸仰祝。
正命夫人天壽永延。懿德宣明。母儀卓著。
繼迹二妃。追蹤三太。賢淑貞良。同膺天福。

助

修齋功德。奉為仰贊。儒宗賢哲。學古力行。
格致誠正。修齊治平。此道大昌。化行天下。

正

修齋功德。奉為仰贊。公卿百僚。增祿延壽。
事國以忠。為政以德。立身揚名。傳家有慶。

助

修齋功德。奉為仰贊。外臺守令。福祿昌熾。

布宣德化。獄簡刑清。風俗還醇。人物富庶。

正 修齋功德。奉為仰贊。將帥部曲。忠義威勇。御眾有律。安邊有謀。不事干戈。四夷賓服。

助 修齋功德。奉為仰贊。若官若吏。共務公平。賄賂不行。請託不顧。獄訟明察。無令枉濫。

正 修齋功德。奉為仰贊。若官若吏。為政仁厚。租賦所入。悉本經常。保養小民。無令橫斂。

助 修齋功德。奉為仰贊。勢力官豪。不矜富貴。

凡居鄉黨。忠信仁恕。存恤小民。無令侵奪。

正　修齋功德。奉為仰贊。出家四眾。福慧雙修。

萬行圓成。三觀妙悟。住持三寶。無令斷絕。

助　修齋功德。奉為仰贊。宏教伽藍。大闡祖道。

法華大義。止觀正宗。有說有行。貴逃數寶。

正　修齋功德。奉為仰贊。修禪叢席。徹悟祖道。

單傳心印。見性成佛。宗說兼通。貴祛闇證。

助　修齋功德。奉為仰贊。奉律伽藍。深明祖道。

遮性兩戒。止作二門。有說有行。貴逃毀足。

正

修齋功德。奉為仰贊。仙宗道流。助發正念。

但慕長生。非是究竟。當遂精勤。求無上覺。

助

修齋功德。奉為仰贊。魔民男女。開發正見。

但勤茹菜。未是真修。當遂回心。進求大道。

正

修齋功德。奉為仰贊。官僚士庶。勤行護法。

伽藍經像。隨力修營。廣度出家。不斷佛種。

助

修齋功德。奉為仰贊。道族男女。勤修淨業。

稱名誦經。觀佛依正。定散二善。皆得往生。

正　修齋功德。奉為仰贊。道族男女。常相勸發。

舉行大齋。普度一切。盡未來際。無令間歇。

助　修齋功德。奉為仰贊。歷劫宗親。增福開慧。

隨所居處。常聞大乘。進學菩提。入佛知見。

正　修齋功德。奉為仰贊。高曾以來。祖宗上世。

生產術業。成立我身。憑此追嚴。增長福德。

助　修齋功德。奉為仰贊。生身父母。增福開慧。

現在世者。富壽康甯。或已遷神。即歸安養。

正　修齋功德。奉為仰贊。兄友弟恭。妻和子孝。奉承家訓。行義有聞。憑此良緣。願增勝福。

助　修齋功德。奉為仰贊。師席朋友。教誨我者。世及出世。嘉言至行。憑此酬恩。願增勝福。

正　修齋功德。奉為仰贊。此生恩舊。提挈我者。官祿財物。俾至富貴。憑此酬恩。願增勝福。

助　修齋功德。奉為仰贊。外親眷屬。情好密者。

患難相救。饋遺往來。憑此酬恩。願增勝福。

正　修齋功德。奉為仰贊。梵釋四王。諸天聖眾。

護持佛法。光顯伽藍。保護出家。永無外侮。

助　修齋功德。奉為仰贊。天神地祇。遊空真宰。

三災殄息。風雨調和。穀果豐成。草木蕃廡。

正　修齋功德。奉為仰贊。護國天王。係祀神靈。

保持土境。常降吉祥。主哲輔賢。四民樂業。

助　修齋功德。奉為仰贊。鎮宅神王。住居香火。

保持門戶。訶禁不祥。火盜災殃。永無干犯。

正

修齋功德。奉為仰贊。盡法界內。六道四生。

一切男女。皆我父母。憑此莊嚴。增福開慧。

助

修齋功德。奉為仰贊。盡法界內。地水火風。

一切依報。皆我故身。憑此莊嚴。轉成妙境。

正

修齋功德。奉為仰贊。僕隸婢使。奉承我者。

願承勝福。俾脫賤流。實冀他生。免相責報。

助表

直白

上來施主。虔對三尊恪意開陳。三十二

願。報恩心滿。普度功圓。法界羣生。齊成佛道。煞鈸一陣。香燈送證盟疏與正表。令齋主拈拜長跪。

表 正表作梵述偈。此十二句出涅槃經。

獨一無侶。無師自悟。人中象王。大法之師」所可說法。最上最妙。諸佛所遊。常不變易」受正真法。隨順修行。一切眾生。良佑福田。讚歎三寶。恭請證明」上來修建法界聖凡水陸普度大齋勝會道場。茲當奉供上堂十席聖賢。法事周圓。所有疏文。謹當宣讀。（香燈鳴引磬。各跪下。正表宣疏。至頓首具疏不起立。再爲齋主祈福保安。◯助表接白云。）上來文疏。披讀告圓。仰冀慈悲。特垂鑒念。弟子（稱齋主名）伏願所修齋事。本自誠心。上奉三尊。下度六道」。惟冀（此下隨改如延生當接下文云）舉家眷序。終日歡和。飲食起居。吉祥安樂。增輝祖業。垂裕孫謀。既壽而康。曰富且貴」。火災絕警。寇黨迷蹤。隨心有求。無事不遂。某等（稱齋主名）無任歸依。懇禱之

至。鼓鈸三通禮佛出堂

△若度亡。上文白至下度六道句。後當接此文云。

覺海飛波。滌諸業垢。牛車普載。度出昏衢。先靈眷屬。證果蓮胎。現世姻親。康甯鶴髮。有緣皆度。所薦咸超」更祈稱齋主名一門衍慶。十善莊嚴。富貴壽考。吉祥永遂。財源益進。桂子飄香。某等無任歸依。懸禱之至。

若僧尼保福。白至下度六道句。下改云。

山門鎮靜。海眾安和。法席常隆。道風遠播」。公私不擾。王道肅清。海宇甯靜。兵戈偃息。雨暘時若。年歲豐登」。隨心有求。無事不遂。某等無任歸依。懇禱之至。此祈叩語。隨人更易。不必定用此三式可也。

水陸儀軌會本卷第一

結界音義

恪音雀—恭也謹也 誥音告—教命也以文言曉之 馥音伏—芬也 壘雷上聲軍壁也 藉音戒—依也又狼 瓊音窮—赤玉也 霄音宵—天空之境 聳音悚高也 擁音勇—衛護也 冀音記—欲也望也 衛音位—捍護也 噉音坦—同啖喫也

餚音爻—饌也 聿音役—發語辭又遂也由也 銳于歲切利也 攞音裸 跛音播 韈勿發切音襪 嚲丁可切多上聲

發符懸旛音義

熒音銀—明也惑星名 漾音恙—水動貌 賒音奢 咩音乜—羊鳴音 扣音叩—擊也 閽音昏—者守門吏也 旌音精—表也 彷音訪 彿音拂—彷彿者見不審也 徘音牌 徊音回—徘徊不進之貌 蹔同暫不久住也 駐音注—馬立待也

欵寬上聲衷曲也襟音今—衣識音志—默矧申上聲況也闡音淺—闢也明也歆音欣—神受享也郁音育—盛貌鸞音鑾—鳳響音响—谷應聲也聊音僚—略也覿音狄—見也儼嚴上聲—若也儗音擬—比也輧音屏—輕車也葆音保—羽葆垂蓋也攀盼平聲下援上曰枲想里切音徙秫音述哘音你頠音遏

請上堂音義

凾古函字挺汀上聲直也超也撫音府—安也胝音知瞿音渠犍音建—強也軻音珂嘻音兮廬音閭賾音責磐音盤輯音集—集也孽音業—罪也滌音狄—蕩也除淨也瞬音舜—眸也又目動也曦音希—日光也濯音濁—浣也彝音夷—常也遜音巽—謙也娜音那隸音隸忱音成—誠也陋音漏—劣也—

隘音亦—狹不寬 囑音燭—咐記也 偕音孩—俱也 畟音即

供上堂音義

穰如羊切音—攘豐盛也 輦連上聲天子之車曰輦 輿音于—車乘之總名 飾音式—修也嚴也 鐃音勞—鈸樂器也 鵲音雀—喜也 噪音燥—呼 鴉于加切烏 亙音更—通也竟也 輸音舒—送也又贏勝負也 效音孝—法也學也 褒音包—獎也揚美也 捃君上聲拾也 轂音谷—軸貫之處曰—軸音逐—兩端貫輪中以持輪迴轉 戴音代—尊奉之也 炭音歎—燒木之餘 遽音詎—急也 允音尹—當也 繄音怡—惟也 誘音酉—引進也 編音邊—相次排列之謂 儲音除—副也助也 亶丹上聲誠也 翼音義—翅也又輔也 效音孝—驗也 嗟借平聲歎也咨痛惜也 懈音解—怠也 翰音漢—天雞也其羽

赤古以羽翰為筆 蠹音妒—蟲蛀蝕物之蟲 竊音切—私也 窣音卒 窴音至—置也 殆音待—危也 睢音雖—仰

目也 軫音診—思念也 刪音山—削除也 刊看平聲刻也 叵音頗—不可也 粵音月—發語辭 拳音權—拳奉持之貌 詛

音祖—祝也 蟾音前—蜍月裏蟾蜍也 莖音恒—草木之幹也 銜音咸—感也 膺音英—受也 誕音旦—大也 猷

音由—道也 厥音缺—其也 驩音歡—虞如也 藩音煩—籬也 輔音府—弼助也 懿音宜—美也溫柔聖善之稱 卿

音輕—官長之稱 熾音志—盛也 醇音純—和也厚也 帥衰去聲軍中之主也 賄音誨 賂音路—賄賂以財物私贈也 賦

音付—田收斂也 斂音念—收也 恤音戌—賑貧也 祛音區—禳也逐也 闇同暗—冥也 術音述—技藝也又法也 挈

音契—提也 饋音貴—餉也 侮音武—慢易也 蕃音番—多也 廡音武—盛也 寇音叩—劫賊 蹤音宗—跡也

暘音陽—晴也 偃音衍—休息也 衢音劬—通達之路 飄音漂—旋風吹也 緲音杳—遠也 嫩能去聲弱也物未老也

擎音情｜托也　罄音興｜香聞遠也　奠音電｜祭也定也　贈音正｜送也

凡例音義

軒輊音先至｜凡言有抑揚曰｜又車前高日軒車後低日輊　騖音務｜奔馳貌

水陸儀軌會本卷第二

梁誌公大師等撰　明雲棲袾宏補儀
宋東湖志磐重訂　清眞寂儀潤彙刊

◉第五行告赦法事

供上堂畢。即設告赦壇。將四法事半桌向外擺。與發符式同。將第一張赦書。與赦牒。置正表桌上。第二張赦書。置助表桌上。天香几上備水盃一個。下堂緞貌一副。令廚司五更時。供菜供飯饅首等。均宜預備。◯四更早起。先擂鼓一陣。全堂上供水已。內壇天井中。先以淨柴鋪墊。安奉梵釋二天捷疾持赦使者官馬一座。位前設方桌一張。供果五色。供菜六大碗。茶飯饅首各一杯。鞭爆一掛。及化馬所用紙錁等俱齊已。擂第二陣鼓。候法師齋主。皆用茶點畢。焚香燭。擂第三陣鼓。知客領齋主迎請。法師不帶具進壇。次第拈香問訊。與發符無二。齋主拈香畢。鳴磬禮佛三拜。鼓鈸三通。表白振鈴。執爐同聲唱云。

至心歸命禮。十方法界。諸佛法僧。常住三寶。

一拜　置爐　表　促鈸一陣。正表振鈴梵音白。

香從心生。心由香達。不居三際。可徧十方。雖法爾之如然。亦施者之能致。」是故諸佛聞之而加護。羣生於此以蒙熏。欲期勝益之全彰。

更誦密言而助顯。正表接白

我佛如來。有然香達信真言。謹當宣誦。

唵什伐栗多摩你　阿鉢羅句吒　蘇破

囉尼　毗迦知　虎吽三徧動鈸　香香燈拈香三拜。

主主法想此香雲。徧滿法界。障雲消散。結成淨界。聖賢悉喜。

表助表不執爐。合掌作梵白。

寶器晶熒。靈泉演漾。三加祕密。一灑清涼。即

一座以光嚴。徧十方而涓潔。遠塵離垢。感聖招賢。允在茲時。躬行斯道。助表接白

我佛如來。有灑淨真言。謹當宣誦。

唵伐什囉　賒咩音乜耶　吽登　悉哩摩呬　薩訶三徧動鈸

香 誦咒時。香燈師持水灑淨赦官一周。

主 主法想水到處。嚴淨光明。即成結界。

表 正表振鈴作梵白云。

伏聞覺皇憫餤口之徒。初令奉斛。粱帝感神僧之夢。遂啟修齋。雖徧標水陸之名。實等供

聖凡之眾」所謂於三尊則加敬。言羣品則興悲。極上天下地以無遺。何彼界此疆之有間」。凡居異趣。咸示真修。故茲託事於多儀。必使成功於普度」。今則仰遵內教。恭按靈科。開法會以濟迷流。固自專於主者。（二表同和）扣帝閽而求大赦。正有賴於使乎。爰恪意以奉迎。冀聞呼而即至。（煞鼓鈸一陣俱執爐同請）

至心奉請。神通自在。威德難量。梵釋二天。捷

疾持赦使者。并諸眷屬。三請惟願。不違本誓。哀愍有情。是日今時降臨法會。助表白云

我佛如來。有召請真言。謹當宣誦。

唵步布哩　迦哩哆哩　怛他誐多耶動鈸

主 主法想使者。有百千眷屬。從空而來。依位而立。

香 香燈送證盟疏與正表。令齋主拈香三拜長跪。

表 正表振鈴直白讚述意云。

雲擁旌幢。風行部曲。彷彿九霄而下。徘徊一座之間。冀暫駐於光儀。將委宣於悃欵。恭惟

持赦使者。自強不息。得一以靈。用之則行。威而不猛」。霜襟默識。既經緯於萬方。玉趾遠騰。載馳驅於億刹。起道腔白

庸謹奉辭之職。矧多專對之才。唯妙闡於神通。實善權於方便」。◎香燈鳴引磬。法師俱跪。正表宣疏。至頓首具疏不煞鈸。接白云

然則。聖凡異念。幽顯殊途。非藉使人。何由徧達。故於此際。奉召光臨。諒在聰明。必能知委。鼓鈸一陣

表 助表振鈴直白。

是心作食。全食為心。以由體用不殊。故得卷舒自在」。如是則六塵互徧。三德常融。微妙難思。出生無盡」。用憑觀道。密扶咒熏。將善導於事儀。俾圓成於法施」。我今持誦。無量威德自在光明勝妙力陀羅尼。加持法食。悉令周徧。

主法押磬。香燈鳴魚同念。助表舉云。

曩謨薩嚩怛他蘖多嚩路枳帝唵。三跋囉。三跋囉。吽。七徧動鈸

香 香燈持水盂至馬前灑淨水於食上。

主 主法想此供食。出生六塵妙供。一時供奉。無所乏少。 表 正表振鈴獻食直白。

戒香芬郁。定水澄清。明智慧燈。具禪悅食。因行之華初發。實相之果已圓。有能如是諦觀。則為以法供養」。載宣密語。用速至神。少賜從容。特垂歆享。正表接白

我佛如來。有獻供養真言。謹當宣誦。

唵 誐誐曩 三婆嚩 嚩日囉二合 斛三遍

主 主法想此供事充足。現前諸神降享。莫不歡悅。◯主法囑使者直白。

聖凡體同迷悟心異。今此修齋而致請。或云赴感之不齊。」謂三寶諸天之居。固一念而可格。如六道羣生之類。有屢呼而弗聞。」蓋惡業重者。正苦留連。及邪見多者。自為障礙。非賴使人之捷疾。曷通施者之勤渠。」至若。具奏牘以進梵王。錄情文而干帝釋。符地府泰山之所主。關城隍土境之諸神。咸仰體於至慈。即奉行於大赦。」推聖恩之曠蕩。拔惡趣之拘囚。

悉使奔趨。毋令退縮」。如是則天人修羅之黨。鬼畜泥犁之儔。藉此時津濟之功。解億劫輪迴之業」。大崇至化。幸遇良緣。冀益闡於聰明。肯恪遵於付託」。不踰頃刻。徧達緘封。毋使有違。自貽其咎。梵釋二天之異處。各謹攸司。人寰地府之殊途。分當其任」。昏昧弗知者。勸之以道。凶頑自用者。攝之以威。有請必來。無一不至」。所有意旨。具在敕文。別命披宣。試垂采聽。促鈸一陣令齋主至中長跪。〔表〕正表道腔白云。

恭惟使者。秉如來教。順檀越心。有請皆臨。無求不應。今則駕臨騎降。薄供當陳。爐焚飄緲之香烟。燈列熒煌之炬燄。茶烹香嫩。花擎上苑之春。果奉芳馨。食獻酥酡之味。具錢貌而化奠。贈祕咒以資培。理等獻芹。事希昭格。今有赦書二函。赦牒一道。恭對使者。覿面披宣。伏乞從容聽覽。◎香燈鳴引磬。法師俱跪。正表先宣赦書。次助表宣已。正表又直宣赦牒。

至具牒奉行。促鈸一陣。齋主歸位。

香　香燈將赦書赦牒。用緞貌一副。一并放於赦官手內捧著。將馬轉面向外。放紙錁馬足下。引火焚化。放鞭爆。

表　助表候赦書牒安置已。直白云。

不速而疾。有感則通。威容儼日出之光。神足擬天行之健」。駕雲軿而揚羽葆。載馳載驅。窮寶燄而徹風輪。宜上宜下」。幸毋廢命。須善為辭。事有勞煩。禮當攀送。接白

我佛如來。有奉送真言。謹當宣誦。

唵麼訶囉　穆羯叉　目三徧接唱羯諦羯諦

波羅揭諦　波羅僧揭諦　菩提薩婆訶

三徧已促鈸一陣　表正表白云。

歸依佛。歸依法。歸依僧。歸依佛法僧三寶已竟。上來告赦圓滿。煉疏化財用助使者雲程。速達天庭。恩沾沙界。和南聖眾。白已促鈸正表直白

上來告赦圓滿。大眾一心念佛。以助天行。

正表舉佛號。鳴法器。眾同念佛。法師齋主至天香几前向外。念佛送赦官。

香 香燈將法事桌。科儀等件。俱向內擺。齊已。鳴磬一下。

△法師齋主聞磬聲歸位已。◯主法鳴磬。正表止佛聲。煞鈸一陣。主法押磬。香燈鳴法器同唱。正表舉栴檀海岸香讚。主法齋主拈香作禮。與發符同。讚畢不煞鼓鈸。接唱回向偈云。

◁惟願三途眾苦息　總令除熱得清涼　皆發無上菩提心◎　同出愛河登彼岸◎。正表接白

告赦圓滿。再叩佛天。恩沾沙界。和南聖眾。

促鈸三陣。引磬三拜。出堂。

◉第六誦地藏經上供法事上午十點鐘巳時

告赦後早食畢。令廚司辦供上堂飯菜等。於主法齋主桌前設小椅坐位向內。主法桌上用磬。齋主桌上用魚。點香燭兩位香燈各諷地藏經一部三卷。須一氣誦完。念經時。上堂十席裝供飯菜。與前日同。已時至。焚香燭。知客領齋主進壇。主法不進壇。二表白搭衣持具。不迎請。進堂齋主跕中拜墊前。正表在主法位。助表在齋主位。展四摺具。鳴引磬。接鼓禮佛三拜已。正表鳴磬。舉楊枝淨水讚。香燈敲鐺鉿鐘鼓同唱。齋主拈香三拜。清涼地畢。煞鐘鼓。正表舉云。

南無大悲觀世音菩薩◉三稱。接念大悲咒。香燈鳴引磬領頭。表白執手爐與齋主出位上香。香燈點香十二枝送齋主手。香上竟歸位。咒完舉云。

摩訶般若波羅密多。三徧。唱祝延。或三寶讚。接香雲蓋。煞鐘鼓畢舉。

南無靈山會上佛菩薩。三稱

南無常住十方佛。南無常住十方法

南無常住十方僧。南無本師釋迦牟尼佛

南無消災延壽藥師佛　南無極樂世界阿彌陀佛

南無水陸會內諸佛菩薩　南無大悲觀世音菩薩

南無護法諸天菩薩　南無伽藍聖眾菩薩

南無歷代祖師菩薩

南無薩嚩怛他誐多◎嚩嚕枳帝唵。三婆囉。三婆囉。吽。誦咒二十一遍　香　二香燈持水盂。灑水於十席飯菜上。

南無蘇嚕婆耶。怛他誐跢耶。怛姪他。唵。蘇嚕。蘇嚕。鉢囉蘇嚕。鉢囉蘇嚕。娑婆訶。誦咒七遍接

此食色香味云云

唵誐誐曩。三婆嚩。嚩日囉斛◎三遍。唱天廚妙供讚。接禪悅藏菩薩

已。鳴引三拜。起具問訊出堂。

◎第七行奉請下堂法事 下午一點在未申時

午前整備內壇。將四法事半桌向外安設。召請單放表白桌上。懸下堂請聖旛十四首。位次照科儀排列。切勿錯亂。其架仙橋布。淨水盃。小紙花等。與請上堂式同。備雲鶴十四張。化雲鶴爐一個。天香几上。於淨道傍。供黑紙六道牌一座。上用白粉寫云。

三寶

六道羣生受薦亡靈并序列於此參禮浴所備化紙鍋一個。

火鉗二把。冥衣裙褲各一千三百件。須檢清數目。用木盤裝貯。此壇佛事最長。不可遲緩。未時初。焚香燭。齋主迎請法師。進壇次第拈香設拜。鼓鈸三通。竟振鈴。各執爐同聲唱言。

至心歸命禮。十方法界。諸佛法僧。常住三寶。

一拜。煞鈸一通。正表執爐作梵宣然香文。

謂之香。則萬法之都名。舉其體。則三德之全分」。若燒一塵。具足眾氣。不離當處。周徧十方。自非有能熏之功。何由見所顯之理」。今則欲憑勝用。為達真誠。布香雲無盡之光。集法界在凡之眾」。一聞號召。毋或遲回。宜各飭其有徒。咸如約而來會。

我佛如來。有然香達信真言。謹當宣誦。

唵什伐栗多末你　阿鉢羅句吒　蘇破

囉尼　毗迦知　虎吽三偏　香　香燈拈香三拜。

主　主法想香雲偏至法界。六道羣生悉令覺知。咸皆歡喜。願趣此法會。

表　助表合掌梵白。

諦觀此水。必有其源。從自心阿耨達池。流通

不已。入本性薩婆若海。深廣無涯」至於注寶

器以盈盈。誦真言而馺馺。清斯几席。潔彼根

塵」自非三智常會所宗何由一時能具此用。

我佛如來有灑淨真言謹當宣誦。

唵伐什囉　賒咩　吽癹　悉哩摩

唎　薩訶　三徧

香　二香燈持水盃。灑淨於下堂十四席。及仙橋上。并散花於淨道。

主　主法想水至處。嚴淨廣博。即成結界。及想如光明雲樓閣。重累其上。

表　表白振鈴述召請偈。

○歸命三尊無有上　四依賢聖大乘師

創興水陸大齋儀　起教流通諸大士

○今我投誠崇勝法　廣開普度大道場

洪恩曠蕩不思議　六道四生咸受賜

表 正表執爐作梵腔宣召請文云。

主 主法齋主出位拈香三拜。

伏以。聖凡靡間。謂三諦之理本如。情智乍分。故十界之事或異。」水殊冰而共濕。胡非漢而俱人。要知不失所宗。則能常得其體。」至若根塵對起。物我交傾。所造之習弗同。受報之果隨別」以稟質或妍或醜。故嬰苦有重有輕。棲棲乎水陸空行。續續乎死生中陰。如斯不了。畢竟何歸」。惟　釋尊乘可度之機。誕彰明教。至梁武營無遮之供。肅闡真修。豈唯寓悲敬於兩田。抑亦聚怨親於一席」。仁風振蕩。惠澤周流。冀成普濟之深緣。用發等熏之上利」。今則特開嘉會。寅奉慈容。既畢集於三乘。復廣延於八部」。端臨午日。虔事清齋。幸垂恩於九域之區。俾蒙益於羣生之類」。載營淨食。克就良宵。導之以中觀之功。出生無盡。加之以真言之法。微妙難思。事理相融。一多互攝」。以此不住相施。顯茲無所作心。召天人修羅之倫。及鬼畜泥犁之黨。」具以色香美味。飫茲饑餒虛腸。去熱惱而獲清涼。離怖畏而得安樂」。同白

惟願佛光照燭。法力提攜。纔聞召請之言。即攝威儀而至。促鈸一陣。表白執爐同請。

[主] 主法出位拈香散花三拜。自二席至十四席皆三問訊。齋主席席拈香三拜。

[香] 香燈於每席奉請化雲鶴一張。

一席

一心奉請十方法界四空四禪六欲諸天。日月星天。天曹聖眾。并諸眷屬。一心奉請

正　無色界非想非非想處天等四空天眾。

助　色界。色究竟天。善現天等四禪十八梵天眾。

正　欲界。他化自在天。樂變化天等六欲天眾。

助　日天子。月天子。北極紫微大帝。南極太微

大帝。

正

北斗七元星君。南斗六司星君。九耀星君。

助

三臺華蓋。二十八宿。十二宮辰。太歲星君。

正

國主元命。生靈所屬。施家各人。本命星君。

助

天曹府君。主陰陽賞罰。註記生死。諸大天官。

正

天府北極。四聖真君。漢天師正一。靈應真君。

助

天地水府三官。天府功德司判官。空行捷疾使者。

惟願不迷本性。承佛威光。是夕今時。來趨法會。主法想天道聖賢。無央數衆。從空而來。住淨道上。樓閣之中。

二席

一心奉請十方法界。五嶽四瀆。地載遊空。福德諸神。係祀靈廟。并諸眷屬。　一心奉請

正　東嶽天齊仁聖帝。五嶽聖帝。五嶽佐命真君。

助　水府扶桑大帝。四大海王。四瀆源公。水府諸神。

正　五方龍王。四海九江。五湖七澤。諸龍王衆。

助 五方土君。十二分野神君。太歲以下。諸土神君眾。

正 雷霆風雨。火部熒惑。行瘟行病。監生行藥諸神眾。

助 百穀華果。藥草園林。旱蝗災荒。所主諸神眾。

正 守護名山道場。城邑舍宅。舟車橋道。所主諸神眾。

助 諸郡城隍列廟。縣邑山川。係祀神祠。諸侯

正 王眾。

施家所屬。當境神祠。住居六神。家庭香火諸神眾。

助 中界功德司判官。監齋使者。地行捷疾使者。惟願不迷本性。承佛威光。是夕今時。來趨法會。主法想福德諸神。無央數衆。從空而來。住淨道上。樓閣之中。

三席 一心奉請。十方法界。帝王總統。文武官僚。儒宗賢哲。仙道隱逸。并諸眷屬。 一心奉請

正　四輪粟散。中國附庸。諸大小王。聖君總統。

助　十方諸國。歷代帝王。正后元妃。帝子王孫。

正　十方諸國。輔相公卿。文武官僚。歷代名臣。

助　十方諸國。夫人命婦。節婦烈女。歷代女流。

此位請時以類相從故列於此牌位則書末後

正　東震旦國。著書立說。講道論德。歷代儒宗。

助　東震旦國。修性修命。立言垂教。歷代道宗。

正　東震旦國。隱佚尚志。不事王侯。歷代高士。

助　起教婆羅門仙。十洲三島。洞天福地。諸仙類眾。

正　未得道果。五眾僧尼。優婆塞夷。諸修行眾。

助　未得仙品。巖棲谷隱。道流女冠。諸修行眾。惟願不迷本性。承佛威光。是夕今時。來趨法會。

主法想帝王總統。儒宗仙道。及出家四眾。無央數衆。從空而來。住淨道上。樓閣之中。

四席　一心奉請。十方法界。農民工商。醫卜雜流。貴賤男女。十類人倫。并諸眷屬。　一心奉請

正　成劫以來。光音諸天。下為人種。諸男女眾。

助　四大洲。八中洲。五百小洲。歷代貴賤男女。

正　東夷西戎。南蠻北狄諸國。歷代貴賤男女。

助　農工技術。醫藥卜筮。行商坐賈。諸男女眾。

正　師巫左道。遊手末作。奉公吏卒。諸男女眾。

助　倡優鬻色。奴俾乞丐。鰥寡孤獨。諸男女眾。

正　忠孝仁義。智信禮節。務善人倫。諸男女眾。

助　不忠不孝。姦貪暴逆。行惡人倫。諸男女眾。

正　頑愚庸很。微柔勞文。明達十類。諸人倫眾。

助　施家上世。祖宗親眷。歷劫怨讐。至此得解脫眾。

惟願不迷本性。承佛威光。是夕今時。來趨法會。主法想諸男女。無央數衆。及施家祖宗親眷怨讐。從四方來。住淨道上。樓閣之中。

五席

一心奉請十方法界。四類受生。五趣所攝。山間海底。阿修羅眾。并諸眷屬。

一心奉請

正　執持世界。與天爭權。化生天趣。諸阿修羅。

助　天中降德。居鄰日月。胎生人趣。諸阿修羅。

正　鬼道護法。乘通入空。卵生鬼趣。諸阿修羅。

助　旦遊虛空。暮歸水宿。濕生旁生趣。諸阿修羅。

正　須彌山北。入海二萬一千由旬。羅睺阿修羅眾。

助　須彌山北。入海四萬二千由旬。勇健阿修羅眾。

正　須彌山北。入海八萬四千由旬。華鬘阿修羅眾。

助　須彌山北。入海十六萬八千由旬。毗摩質多阿修羅眾。

正　眾相山中。依地而住。最劣一種。阿修羅眾。

助　妙高山中。常所住處。空穴寶城。阿修羅眾。

惟願不迷本性。承佛威光。是夕今時。來趨法會。主法想諸阿修羅。無央數衆。從四方來。住淨道上。樓閣之中。

六席

一心奉請。十方法界。燄口鬼王。三品九類。諸餓鬼眾。橫死孤魂。并諸眷屬。　一心奉請

正　起教燄口鬼王。所領百千那由他。恆河沙諸鬼眾。

助　飛行夜叉。地行羅剎。及夜叉羅剎女。諸鬼眾。

正　食香食水。食吐食血。三十六種。諸餓鬼眾。

助　閻浮地下。五百由旬。閻羅所領。諸餓鬼眾。

正　鐵圍山間。不覩日月。酬償宿罪。諸餓鬼眾。

助　多財。上品勢力。中品得失。下品得棄。諸餓鬼衆。

正　少財。上品大癭。中品臭毛。下品針毛。諸餓鬼衆。

助　無財。上品臭口。中品針咽。下品炬口。諸餓鬼衆。

正　空中海邊。山谷塜墓。草木糞穢。諸餓鬼衆。

助　三十六傷。横死夭亡。孤魂滯魄。諸餓鬼衆。

惟願不迷本性。承佛威光。是夕今時。來赴法會。主法想諸餓鬼。無央數衆。或從四方而來。或從地下而至。卻住一面。

七席

一心奉請十方法界閻摩羅王。十王王妹。十八小王。諸司主吏。并諸眷屬。

一心奉請

正　地府閻摩羅王。秦廣楚江宋帝伍官變成。泰山平等都市轉輪十位大王。

助　泰嶽掌判賞善罰惡。七十二司諸部屬衆。

正　王妹神女。善惡二簿。童子諸女吏衆。

助
當時同誓助治地獄。十八臣佐。諸小王眾。

正
地府洪伽噤王。三十七位。諸鬼王眾。

助
鐵圍山間。惡毒鬼王。三十四位。諸鬼王眾。

正
主執文籍。業鏡火珠。勘問對驗。諸司判官。

助
地府五道大神。無常大鬼。追亡魂使者。

正
各省各府各州縣。城隍部屬。三班六房。諸吏役眾。

助
地府功德司判官。捷疾使者。牛頭阿旁。百

萬獄卒。

惟願不迷本性。承佛威光。是夕今時。來趨法會。主法想地府諸王官吏。無央數衆。俱從地下上來。卻住一面。

八席

一心奉請十方法界。八熱八寒。諸大地獄。諸獨孤獄。一切受苦囚徒。并諸眷屬。一心奉請

正

正住贍部洲下。等活無間。八熱地獄。受苦囚徒。

助　八熱四門。十六遊增。一百二十八獄。受苦囚徒。

正　邊住鐵圍山底。頞浮陀等。八寒地獄。受苦囚徒。

助　十方阿鼻地獄。十八地獄。三十六獄。一百八獄。受苦囚徒。

正　鐵牀銅柱。劍樹刀山。灰河熱沙。諸大地獄。受苦囚徒。

助　火箭飛刀。拔舌鋸牙。噉眼剉首。諸大地獄。受苦囚徒。

正　空中水間。山谷曠野。諸獨孤獄。受苦囚徒。

助　泰山城隍。當境祠廟。諸陰獄中。受苦囚徒。

正　七趣之中。方離中陰。將入地獄。諸幽冥眾。

助　諸地獄中。已經釋放。未得受生。諸幽冥眾。惟願不迷本性。承佛威光。是夕今時。來趨法會。主法想諸地獄囚徒。無央數眾。先承降赦。已得自便。今聞召命。即皆來至。卻住一面。

九席

一心奉請。十方法界。正住鐵圍山間。邊住徧五趣中。鱗甲羽毛。十類傍生。并諸眷屬。

一心奉請

正　金翅鳥王。獅子象王。摩竭大魚。諸福德傍生衆。

助　神龍寶龜。鳳凰麒麟。珍禽奇獸。諸祥瑞傍生衆。

正　鸚鵡白鶴。燕雀烏鳶。雞鴈鵝鴨。諸飛禽衆。

助

牛馬羊鹿。虎狼豬犬。猴兔猫鼠。諸走獸眾。

正

蛟蜄鼉鼈。蟲魚蝦蠏。螺貝蚌蛤。諸水族眾。

助

蚊蚋蚤蝨。蠅蝱蛆蟻。蜉蝣蛣蜣。諸微類眾。

正

蚖蛇蝮蠍。蜂蠆鴆毒。蜈蚣壁鏡。諸毒類眾。

助

鱗甲羽毛。有足無足。四足多足。諸傍生眾。

正

梟鵅狐毒。蛔食服應。休循十類。諸傍生眾。

助

正住鐵圍山間。大海洲渚。邊住徧五趣中。諸傍生眾。

惟願不迷本性。承佛威光。是夕今時。來趨法會。主法想諸傍生。無央數衆。從四方來。皆復人形。卻住一面。

十一席

一心奉請。十方法界。諸趣往來。七七日內。七返受生。中陰趣眾。并諸眷屬。一心奉請

正　諸天類中。報盡還來。受中陰身。一切眾生。

助　諸仙類中。報盡還來。受中陰身。一切眾生。

正　諸人類中。報盡還來。受中陰身。一切眾生。

助　諸福德神。報盡還來。受中陰身。一切眾生。

正　諸阿修羅。報盡還來。受中陰身。一切眾生。

助　諸餓鬼中。報盡還來。受中陰身。一切眾生。

正　諸傍生中。報盡還來。受中陰身。一切眾生。

助　諸地獄中。報盡還來。受中陰身。一切眾生。

正　諸泥犁城。罪福二相。巧風所吹。中陰眾生。

助　四洲諸趣。往來受生。一十七種。中陰眾生。

惟願不迷本性。承佛威光。是夕今時。來趨法會。主法想七趣中陰。一切衆生。無央數衆。各形如三歲小兒。從四方來。卻住一面。

表 助表直白。

上來召請下堂聖凡。十席神靈。無央數眾。或幽或顯。各不相知。非仗密言。安能畢集。接白

我佛如來。有召請真言。和 謹當宣誦。

唵什伐囉　俱胝　阿揭吒　尾揭吒　薩訶

主 主法想上來召請。十席神靈。無央數眾。自餓鬼地獄旁生中陰。四趣眾生。雖各來集。卻住一面。未敢擅登淨道。今聞真言召請。承法力故。盡復人形。上升淨道。住樓閣中。

表 正表直白。

願因祕密來集道場。齋主虔誠。至心作禮。

煞鈸一陣。齋主作禮三拜。城隍當境諸神。雖於下堂第二席福德神中通請。而齋家尚欲備敬所屬城邑。及住居諸神。奉供名號。故今隨筵設位。以專請之。

△舊本後三席。秖列形式而已。每見臨事措手無從。爰依現時普通聖號。添補完全。便於應用。倘與地不相宜處。可隨時增減。幸勿執定。

十一席

一心奉請。本寺齋家。當境城隍列廟。各處鄉坊。係祀靈祠。諸侯王衆。并諸眷屬。

一心奉請

正　某某（省省縣縣）主城隍。并諸廟侯王等眾。（此請乃本寺及齋家本省本縣城隍）

助　當境城鄉。諸寺院庵觀。諸神等眾。

正　當境通天都府。關聖岳王。諸龍王神眾。

助　當境官衙。城門土地。諸巷五通。祠堂神眾。

正　當境五道大神。半天牧野神官。諸部五通神眾。

助
當境鄉村各社稷廟守護百穀諸神眾。

正
當境城鄉各坊土地明王福德神眾。

助
當境山川嶽瀆曠野園林諸神等眾。

正
當境舟車橋道一切守護諸神等眾。

助
當境諸廟祠堂一切舍宅諸神等眾。

此請隨齋家所住居。及建道場所在之省縣城隍。并附近之諸廟神衆。一一備列。共合十位之數可也。

惟願不迷本性。承佛威光。是夕今時。來趨

法會。主法想城隍諸廟神衆。從四方來。卻住一面。

十二席

一心奉請本寺伽藍。住居六神。齋主奉祀。香火諸神。并諸眷屬。

一心奉請

正　本寺一十八位。護教伽藍。聖帝華光。諸神等眾。

助　本寺守護殿庭。堂宇三門。諸神等眾。

正　本寺所屬下院。守護堂舍。諸善神眾。

助　本寺緊那羅王。齋家門丞戶尉竈君神眾。

正　本寺齋家。住居方隅太歲。二十四道。諸土神衆。

助　本寺齋家。中庭力士。屋上廣漢。主泉神衆。

正　本寺齋家。主園林神。主井泉神等衆。

助　本寺齋家。主單神。主牀神。主後廁神等衆。

正　本寺齋家。莊庫所居。守護蔬圃。諸神等衆。

助　本寺齋家。大墳小墓。守護塋域諸神衆。

此請隨各道場。及住居寺院中附近之神衆舉之。亦共足十位之數。

惟願不迷本性。承佛威光。是夕今時。來趨法會。主法想本寺。及當境諸廟神衆。齋家居住神衆。從四方來。卻住一面。

表 助表直白。

上來召請城隍。列廟當境神祠。住居香火。或幽或顯。各不相知。非仗密言。安能畢集。隨接白云

我佛如來。有召請真言。謹當宣誦。

唵什伐囉　俱胝　阿揭吒　尾揭吒

薩訶誦咒三徧煞鈸一陣。

【主】主法想所召城隍當境諸神。齋家住居諸神。皆住淨道上。寶樓閣中。

【表】正表直白。

願因祕密來集道場。齋主虔誠至心作禮。

煞鈸齋主作禮◯蓋齋家上世雖下堂第四席已請今欲備敬而專請之表白請云。

十三席

一心奉請齋家上世祖宗亡靈師友親眷諸位神儀并諸眷屬。

一心奉請

高祖　曾祖　祖考　先考　先兄　亡弟

師友　受教師席。同學朋友。恩主義父之類。　外親　諸姑姊妹母舅。妻家等類。

諸母生母乳母義母之類。此席隨齋家附薦而請。不拘定十數。◯或總召請云。

某氏堂上先遠歷代昭穆宗親等眾三請

或十姓眾姓。各各宗親請竟。末後當加法界之內九種十類無祀孤魂等眾。接

惟願不迷本性。承佛威光。是夕今時。來趨法會。主法想齋家上世祖宗親眷。從四方來。卻住一面。

△不拘儒釋。凡度亡者。最後須加正薦一位。延生則無此。表白請云。

席四十

一心奉請當壇正薦某某神儀三請

惟願不迷本性。承佛威光。是夕今時。來趨

法會。主法想所請亡靈。隨所生處。即得覺知。從空而來。卻住一面。

△若僧家建道場。前一席則不用。當用此一席。一心奉請云。

一心奉請。某某堂上歷代祖宗。俗氏親眷。諸位神儀。并諸眷屬。　一心奉請

正　本寺開山祖師。中興住持。諸祖老和尚。

助　本寺堂上。先亡後化。歷代諸祖老和尚。

正　本寺開山。古今先亡後化。一切僧行覺靈。

助　本寺大眾。各人生身父母。六親眷屬等眾。

正　各人過去壇上得戒十師。并引禮師眾。

助　各人剃度法派。過去本師已故門徒諸覺靈眾。

正　本寺功行堂。涅槃堂。十方一切僧行覺靈。

助　本寺功德堂。所列古往今來。檀信士女等眾。

正　本寺水陸堂。所列一切受薦先亡等眾。

助　法界之內。九種十類。無祀孤魂等眾。

此請名刹僧寺所用。若尼庵薦祖。宜隨某庵應請之數而請。亦不拘十位之數。

惟願不迷本性。承佛威光。是夕今時。來趨法會。主法想（本寺某庵）歷代諸祖。各整威儀而來。卻住一面。表助表直白。

上來召請諸位亡靈。非仗密言。安能畢集。隨白

我佛如來。有召請真言。謹當宣誦。

唵什伐囉　俱胝　阿揭吒　尾揭吒

薩訶三徧

主主法想諸位先亡。悉皆會集。上升淨道。住寶樓閣中。表正表直白。

願因祕密。來集道場。齋主虔誠。至心作禮。促鈸

齋主作禮　△前鬼趣中已總召橫死孤魂。今更分類請之者。使知孤魂之情狀也。

表　助表書聲白云。

為善最樂。當自重於微軀。得年甚高。庶必全於定命」。其有任心暴虐。資性頑愚。以由險道之數行」。遂使禍機之竊發」。色身雖壞。世壽未終。地府莫收。天曹弗錄。斯為不得其死。畢竟將何所歸」。舉其徒則實蕃。歷以歲而且久。遊魂無託。常雜處於人寰。同氣相求。必攝屬於鬼趣」。欲回正念。宜悔前因。用今宵普濟之功。作爾輩轉生之計」。凡居橫夭。極有多端。和將悉意於提持。請細論其情狀。煞鈸一陣

主 主法出位拈香問訊。齋主拈香三拜。下同。表白請云。

一心奉請。十方法界。諸國君臣。后妃封君。橫死孤魂。并諸眷屬。

惟願不迷本性。承佛威光。是夕今時。來趨法會。促鈸一陣下同

表 以下十二章。俱是書腔。正表執爐白云。

九重昏德。四海離心。遂使羣雄。競謀不軌」既莫延於大歷。遽見奪於他人。國破兮家亡。身殂兮祀絕。」若夫位尊上相。千官儼鵷鷺之行。權重元戎。萬騎肅貔貅之陣」百城宣化。一邑字民。豈唯委質於本朝。亦欲揚名於後世」然以為臣不易。處己無良。事上罔忠。遂陳尸於兩觀。行師失律。竟梟首於三軍」要功絕漠以無歸。將命穹廬而不返。為逐客而投身瘴地。

從王事而遇寇畏途。」被刺於姦凶之人。遭讒於佞倖之口。飲鴆令其立斃。賜劍使之自裁。」至若正后元妃。才人采女。色衰兮愛弛。福過兮災生。至廢死於掖庭。或幽囚於永巷。」封君命婦。庶妾諸姬。爭妍取憐。恃恩妒寵。」穢起閨帷之內。變生衽席之間。忽驚桃李之容。竟委蒿萊之地。如斯情狀。深可悲傷。」今則粵有信心。敬修齋事。盡行攝召。無或遐遺。和 宜舉眾

以偕來。冀聞法而得度。促鈸一陣下同

主主法想所召孤魂。無央數衆。從四方來。卻住一面。◯表白請云。

三心奉請十方法界。士農工商。一切人倫。橫死孤魂。并諸眷屬。

惟願不迷本性。承佛威光。是夕今時。來趨法會。煞鈸已助表白

皓首書生。窮經不遇。黃冠羽客。尚道無成。」治方脈以名家。習蓍龜而為業。當廛列肆。力田

務農。眾技精麤。百工小大」吏卒奉公之輩。倡優鬻色之徒。莫不酣酒腐腸。貪財喪命」語言相觸而見毆。博弈交爭而致傷。行藥加害於人。持刀自刎其首」受饑寒而感疾不起。染瘟疫而得症難明。霍亂兮迷神。癲癇兮失志」怨家會遇而急取。獄鬼蒼黃而誤收。自經於溝瀆之中。被壓乎巖牆之下」旅宿郵亭兮。魘驚氣絕。舟行海道兮。賊劫鬪亡。起居卒遇於蛇侵。飲食忽遭於蠱毒」。天雷之擊所以昭其惡。野火之焚。豈曰無其因。修德者尚爾逢殃。作過者宜其見罰」。雖吾生之自取。亦宿對之相尋。容易此身。輕陵一死。如斯情狀。深可悲憐」。今則粵有信心。敬修齋事。盡行攝召。無使遐遺」。和宜舉眾以偕來。冀聞法而得度。

主 主法想所召孤魂。無央數衆。從四方來。卻住一面。

三一心奉請。十方法界。諸國軍民。戰陣殺傷。橫死孤魂。并諸眷屬。

惟願不迷本性。承佛威光。是夕今時。來趍

法會。煞鈸已正表白

將者死官。兵為凶器。有國者常備而不用。在

下者盜弄則加誅」。所以文武相維。是曰威德

兼濟。至於貪求土地。好立事功。如白起之阬

降。四十萬同擠坎穽。若李陵之轉戰。五千餘

盡沒風塵」。嗟逝魄之何歸。諒怨情之莫告。追

今末已。此類尤多」。追惟歷朝。爭衡天下。或攻奪負固之區。或擄掠逃亡之侶」。毀除公宇。焚蕩民廬。郡邑多有空荒。生靈悉罹荼毒」。堡營破散。宗社覆亡。殺人盈城。流血為沼。東征沒溺。北戍流離。令逼威驅。形枯命殞」。山林避難因惜財而首領相分。草莽嘯羣。因負氣而干戈相伐」。興工造艦。餓死客亡。納料助軍。追徵怖死。豺狼競嚙。烏鵲爭喧」。春風蔓草之青。僅藏枯骨。夜月寒沙之白。獨照驚魂」。既寞寞以無歸。只喑喑而對哭。雖是業同之報。寧無濫及之冤」。至若大帥之統制邊方。衆校之各分部曲。且戰且守。以勇以謀」。在營違令而遽爾遭刑。出戍失期而終焉被戮。如斯黨類。深可悲傷」。今則粵有信心。敬修齋事。盡行攝召。無使遐遺。和 宜舉衆以偕來。冀聞法而得度。

主 主法想所召孤魂。無央數衆。從四方來。卻住一面。

四一心奉請十方法界。諸國人民。遭羅刑獄。橫死孤魂。并諸眷屬。

惟願不迷本性。承佛威光。是夕今時。來趨法會。（煞鈸已助表白）

執憲全臺。詳刑列郡。當宣仁化。用贊「丕朝」。至於大開請託之門。特興羅織之獄。事可疑而不之察。情宜恕而弗之思。惟好惡之是行。於冤枉而何顧」。若乃為政不德。聽訟非人。故此簡書。委諸吏輩」。視賄賂之多寡。為生殺之重輕。既悉徇於心私。終莫逃於物論」。至於濫加苦勘。極詆深文。氣絕於鞭捶之間。命殞於狴牢之內」。「禁錮終身兮。亡於營寨。徒流遠地兮。沒於道途。斷頭之苦。何言剮肉之慘尤甚」。有過得實者。宜其見罰。無罪就死者。豈不成怨」。非獨地府有辯對之時。當知人世多酬償之日。如斯情狀。深可悲傷」。今則粵有信心。敬修齋事。盡行攝召。無使遐遺」。和 宜舉眾以偕來。冀聞法而得度。

〔主〕主法想所召孤魂。無央數眾。從四方來。卻住一面。

五一心奉請。十方法界。諸國人民。咒詛怨讐。橫死孤魂。并諸眷屬。惟願不迷本性。承佛威光。是夕今時。來趨法會。煞鈸已正表白

泛觀薄俗。最多惡人。不善攝心。故常縱口」。是

以臨逢事變。歷涉世情。稍受屈冤。便興咒詛。」其或田山之貿易未正。資財之負欠不還。被盜失物。而妄有猜疑。交訴連詞。而濫相累及。」實犯過而好為文飾。因遭謗而莫能辯明。不孝父母則每致憾辭。弗育妻孥則遂招恨語。」莫不呼天籲地。惹鬼牽神。肆一日之怨言。結千生之仇對。」於是天曹地府。各有註記之官。泰嶽城隍。尤多司察之吏。」人既亡則互相執取。罪未判則次第干連。遂使自他。俱成夭折。如斯黨類。深可悲傷。」今則粤有信心。敬修齋事。盡行攝召。無使遐遺。」和 宜舉衆以偕來。冀聞法而得度。

主 主法想所召孤魂。無央數衆。從四方來。卻住一面。

六 一心奉請。十方法界。諸國人民。沒溺波濤。橫死孤魂。并諸眷屬。

惟願不迷本性。承佛威光。是夕今時。來趨

法會。煞鈸已助表白

江河淮濟。溪澤陂湖。凡此大川。皆為至險」。必有乘舟之利。以免行路之難。故茲民旅之往來。及以官期之經歷。大風起而滔天洶湧。片帆傾而逐浪漂流」。至如海國行商。蠻邦轉貨。晝逢羣寇。亂飛矢石以交攻。夜入狂瀾。坐見舳艫之平沒」。或命未絕而舉棄於水。或鬼為附而自投於淵。俱成陷溺於波濤。是謂夭傷於軀命」爾乃居連洲島。業擅漁鹽。逐臭營家。沿流撒網。船師弗謹。遽失柁於驚湍。伙伴難逃。盡沈身於巨浸」死屍不宿。何由葬之以棺。逝魄無歸。誰為祭之以禮。如斯族類。深可悲傷」今則粵有信心。敬修齋事。盡行攝召。無使遐遺」和　宜舉眾以偕來。冀聞法而得度。

[主]　主法想所召孤魂。無央數衆。從四方來。卻住一面。

七一　心奉請。十方法界。江海之內。專行劫盜。橫死孤魂。并諸眷屬。

惟願不迷本性。承佛威光。是夕今時。來趨

法會。煞鈸已正表白

居江海之濱。為舟楫之事。行商失利。捕網無

魚。本領全虧。貪婪愈盛」相呼同伴。共結姦謀。

遠涉重溟。去為劫盜」駕巨船而逾十聚凶黨

以盈千。雖專在於奪財。實兼行於害物」發矢

石兮雨下。震金鼓兮雷鳴。刀在手兮入市之

屠。墨塗面兮出林之獸。」交攻旅舶。殺掠靡有子遺。卒遇官軍拒戰。略無少憚。」乃至縱橫洲島。焚蕩屋廬。既驅逐其牛羊。復竊取其子女。」此輩固安於積惡。彼天必為之禍淫。或碎身於正鬭之時。或束手於見擒之日。」夜囚官獄。一勘而欵已成。曉付市曹。半餉而身遽殞。雖乍分於首從。終同至於滅亡。」生為暴逆不法之人。死作強梁無知之鬼。如斯族類。深可悲傷」今則粵有信心。敬修齋事。盡行攝召。無使遐遺」。和宜舉衆以偕來。冀聞法而得度。

主 主法想所召孤魂。無央數衆。從四方來。卻住一面。

八一心奉請。十方法界。邪鬼妖精。侵害善人。橫死孤魂。并諸眷屬。惟願不迷本性。承佛威光。是夕今時。來趨法會。煞鈸已助表白

生非正人。死為妖物。以能略知世間諸事。是

故得名鬼報五通」依叢木以遨遊。據高樓而宴處。狎彼之婦以悅已。竊他之財以媚人。以欲自益於邪徒。故復濫傷於善類」其有世傳香火。號曰神堂。曾不間於歲時。每妄興於災禍。」欺愚民而求飲食。大肆貪饕。奉淫祀以殺牛羊。祇增怨累。」二俱有過。萬不相饒。故此盲迷。皆從淪墜。」至若山魈水怪。犬魅狐精。弊帚破鐺。古盆折杵。化丈夫而通處女。結孕懷春。

變美婦而惑少年。感情致病」既深入於不正之氣。終夭亡於未盡之年。反與其徒。共為此業。如斯情狀。深可悲憐。」今則粵有信心。敬修齋事。盡行攝召。無使遐遺。」和 宜舉衆以偕來。冀聞法而得度。

主 主法想所召孤魂。無央數衆。從四方來。卻住一面。

九一 一心奉請十方法界。諸國人民。瘵勞傳染。横死孤魂。并諸眷屬。

惟願不迷本性。承佛威光。是夕今時。來趨法會。煞鈸已正表白

為學無良。用心不正。天魔得便。飛精密附於人身。癘鬼成形。捨報多參於蛔類。」有化為蝴蝶者。或狀若蜈蚣然。惟此禍根。長居肺系。」竟令危脆之體。終嬰瘵癆之疴。氣喘聲嘶。喀血不能止息。面萎骨劣。乏力難以支撐。」半坐半眠。乍寒乍熱。精神困憊。歲月淹延。藥之弗瘳。

命則隨滅。」既由斯疾而喪己。復以此業而害人。遠及千里。則曰飛屍。近徧一門。是為傳疰。」或衣衾之交染。或夫婦之纏連。於彼死處。則出諸蟲。當人臥時。而入衆竅。」始於得病之日。終於殞命之年。與鬼為儔。同怨共處。如斯族類。深可悲傷。」今則粵有信心。敬修齋事。盡行攝召。無使遐遺。」和

宜舉衆以偕來。冀聞法而得度。

〔主〕主法想所召孤魂。無央數衆。從四方來。卻住一面。

十一心奉請十方法界諸國人民。虎噬傷亡。橫死孤魂。并諸眷屬。惟願不迷本性。承佛威光。是夕今時。來趣法會。煞鈸已助表白

資性強梁。靡順常人之節。感形麤獷。遂居猛虎之羣。是以出沒山林。傷殘羊豕。以茲為食。尚爾成怨。況於險隘之路途。害彼往來之民

旅。其為可憾至此何言。」嗟彼窮夫。不遑安處。出入力作。豈計萬全。負薪陟嶺。而忽焉在前。束擔就道。而卒然相遇。」既遭嚌齧。竟作傷亡。不省仇讐。反為佐助。」濫侵善類。更肆凶威。一經毒齒之饞涎。頓失平時之正見。如斯族類。深可悲憐。」今則粵有信心。敬修齋事。盡行攝召。無使遐遺。」和　宜舉眾以偕來。冀聞法而得度。

主　主法想所召孤魂。無央數衆。從四方來。卻住一面。

一心奉請十方法界。諸國人民。產亡乳絕。橫死孤魂。并諸眷屬。

惟願不迷本性。承佛威光。是夕今時。來趨法會。煞鈸已正表白

竊觀「世道之無知。罔念人身之難得。競趨薄俗。咸失本慈」。念治家未裕。則每以為憂。故得子「稍多。則「棄而不舉」。既出離於胎獄。復淹沒於水盆。若女若男。方生「方死」。處閨帷而行屠

殺。因恩愛以結怨讐。惟茲滅絕於人倫。是即乖違於天理」。至若頭足倒產。母子俱亡。若此大怨。無非惡對」。或命夭於總角之際。或乳絕於襁負之中。於孩提未必有愆。由宿業故招此報。如斯情狀。深可悲憐」。今則粵有信心。敬修齋事。盡行攝召。無使遐遺」。和　宜舉眾以借來。冀聞法而得度。

主　主法想所召孤魂。無央數衆。從四方來。卻住一面。

二十一心奉請。十方法界。佃漁殺害。一切生靈。橫死孤魂。并諸眷屬。惟願不迷本性。承佛威光。是夕今時。來趨法會。（煞鈸已助表白）

體天道之好生。去人心之喜殺。未論得福。且免遺殃。「何惡俗之無良。縱癡情而故犯。是以網魚蝦於大澤。逐麋鹿於深山。」烹羊取羔。屠牛作炙。炮鼈膾鯉。腊雞蒸豚。每痛割其脂膏。

用飫資於口腹。」以由市井索者常衆。故令漁獵求之益多。當其體解刀砧。魂驚湯火。既遭極苦。遂結深怨。」至於為蜜掇蜂。因珠破蚌。挾彈墮林間之雀。彎弓落雲外之鵰。只知欺物命之微。終莫慮仇家之對。」爾乃踐路旁之遊蟻。飲水內之末蟲。此雖出於誤心。當亦招於來報。」若夫聚蠅之投身酒器。飛蛾之撲翅燈缸。固委命之在他。實設機之自我。若云尚道。

亦足傷慈」。其有種類之各起侵陵。小大之遞相吞噉。一朝一夕。萬死萬生」。以彼此加害不休。故次第責報無已。如斯情狀。深可悲憐」。今則粵有信心。敬修齋事。盡行攝召。無使遐遺」。

和　宜舉衆以偕來。冀聞法而得度。

【主】主法想所召孤魂。無央數衆從四方來。卻住一面。【表】正表直白。

上來召請諸類孤魂。非仗密言。安能畢集。接白

我佛如來。有召請真言。謹當宣誦。

唵什伐囉　俱胝　阿揭吒　尾揭吒

薩訶 誦咒三徧 煞鈸一陣

主　主法想上來召請諸類孤魂。承法力故。皆具端正儀相。上升淨道。住樓閣中。

表　助表直白。

願因祕密來集道場。齋主虔誠至心作禮。促鈸

齋主作禮

主　主法觀地獄囚徒。業重者。雖蒙召請。未能脫離。有異方便。可使畢至。

表　正表直白開地獄文。

三寶垂恩。九天肆赦。凡茲有召。無或不來。維地府之拘囚。以罪根之深固。此界他界之隔異。正住邊住之分殊。」鐵釘釘體。則徧體皆瘡。石磨磨身。則全身俱碎。烈火洞胸而赫赤。烊銅灌口以淋漓。以受苦正爾昏迷。故聞命莫之領曉。斯由自業之為障。且非主者之不慈。」至若泰嶽諸司。城隍列廟。冥觀此處。實蓄有徒。或仇對之相干。及事情之未決。皆能阻滯。

莫遂進趨。豈惟上失於佛懷。將必有孤於檀度。」今則敬宣偈咒。大闡威神。牢關一擊而開。罪輩羣奔而出。無論貴賤。罔間怨親。冀齊到於道場。俾咸沾於法供。」我今奉宣。華嚴會中覺林菩薩。所說破地獄偈。及為持誦破地獄真言。能使一切地獄受苦囚徒。永脫幽區。轉生善道。白畢。主法押磬。香燈鳴魚同念。正表舉云。

◎若人欲了知。三世一切佛。應觀法界性。一切

唯心造◎誦偈至七徧。主法鳴磬一下。隨用佛珠記數。接念破地獄咒云。

唵。佉囉帝耶娑訶。誦咒四十九徧。鳴磬收尾。煞鼓鈸一陣。

[主]主法想十方地獄。鐵城門戶。一振而開其中。一切苦具。悉皆隱沒。一切囚徒。聾聞咒音咸識本心。共相告報。來趣法會。念求解脫。

[表]助表振鈴直白爲開道路云。

亙古逮今。際天極地。已悉行於號召。曾不棄於玄微。故凡居有性之倫。盡優入無遮之會」。至於具造十惡。久處三途。雖令自便於此時。

猶或未通於前路」跌足於崄巇之地。麋身於幽闇之鄉。若此多艱。何能善達」再憑祕密之力。示現光明之幢。將徹照於昏衢。冀無失措。俾安行於直道。幸遂知歸。惟爾英靈。悟茲方便。

我佛如來。有開道路真言。謹當宣誦。

唵　鉢那弭𠰒　嶓伽縛底　慕賀野

慕賀野　惹孽慕賀𠰒　莎嚩訶（三徧 動鈸）

主　主法想三途之內。無數衆生。惡業所障。迷失道路者。承此咒法力故。即得坦平大道。來至法會。

表　正表振鈴直白爲離怖畏云。

六凡類多。極顯冥而俱至。三尊威重。諒畏愛之兼懷」。非憑方便。慰悅衆心。恐或逡巡。卻退一面」。乃宣祕語。以被前機。冀頓忘驚怖之情。俾咸獲安詳而住。

我佛如來。有離怖畏真言。謹當宣誦。

唵　怛你也他　伐帝陀晦　陀囉枳俱

盧度盧銘　娑訶

誦咒三徧動鈸

主 主法想三途之內。無數衆生。雖到法會。惡業爲障。內心畏怯。今承咒力。即得身心安泰。無所畏恐。

表 助表振鈴直白爲開咽喉云。

彼醜其形。斯名曰鬼。頭若山峰之聳。咽如針孔之微。悵水漿之莫通。諒饑餒之惟甚」三途雖異。衆類良多。以因行之或同。故果報之相似」用宣祕密。大破慳貪。糞飲饍之甘和。必喉吭之寬暢。

我佛如來。有開咽喉真言。謹當宣誦。

唵　吉利　鳩摩唎　啉嚁啉嚁　叉嚁

叉嚁　娑訶　誦咒三遍動鈸

主　主法想三途之內。無數衆生。以宿業故。咽喉微細。飲食不通。今承咒力。即得寬大。無所塞礙。

香　香燈浴室前點香燭。浴盆內放溫水。冥衣此時可化。

表　正表振鈴直白爲六道衆生解釋怨結云。

諸法本空。寧有我人之相。此心無黨。何分恩怨之情。由不了外境之非他。故妄認此身之為自。於是更相你汝。各立封疆。因意向之稍違。及言辭之靡順。悖然變色。遽行非理之瞋。忽爾生憎。遂起無根之謗。」其有處豪貴而欺孤寡。恃長上而虐卑微。侵鄰翁之地。以廣新居。奪市人之財。以實私帑。」妄肆鞭笞之酷。濫加獄訟之冤。怙勢陵人。謾心背義。」甘血肉而資口腹。罔念傷生。興咒詛以干鬼神。豈逃論對。於是互相責報。無有已時。皆緣讐起於一朝。遂使禍連於多劫」。今則三尊畢會。六趣咸臻。將同稟於真修。必先祛於宿憾」。忍心一發。辱境何存。念仇讐本我親姻。視男女皆吾父母」。永銷結恨。各起深歡。袂屬裾聯。直趣菩提之路。心開意解。咸登解脫之場。毋自失於良時。當進求於勝益。

我佛如來。有解怨結真言。謹當宣誦。

唵　三多羅　佉多　娑訶（三徧已　動鼓鈸）

主 主法想六道。無始世來。常積怨結。今聞咒法。咸起歡心。一時消釋。轉相親愛。

香 香燈收科儀鈴盂傳爐等事。如請上堂式。茲不贅。照應齋主捧六道牌位送浴。

表 助表振鈴直白請赴浴室。

六趣之居不同。無非濁惡。三途之報最醜。悉是腥臊。「若云即事以為言。未免於心而有礙。須親澡浴。冀得清涼。」法水初沾。現全身之光潔。慈風一拂。俾當念以開明。毋故遲回。宜當趣進。白己促鈸一陣。

香香燈收鼓鈸至浴所。一香燈將六道牌送齋主手捧之。一香燈傳爐。一香燈鳴引磬。三法師問訊。傳爐及捧牌人向上一舉。次第至浴所。△內壇香燈將主法齋主桌二張。拼擺於中間對面直擺。爐臺爐盤放桌口邊。桌前拼排擺拜墊兩個。表俱至浴所已。香燈將牌供浴室內。其拈拜等儀皆與上堂沐浴同。振鈴煞鈸一陣。正表獻浴直白云。

湢室宏開。盡十方而洞達。溫泉滿注。極四海以周流。咨爾羣靈。紛然同入。湛定水而一沐。芬戒香以三熏。盡忘業累之相關。豈存煩惑更無色相之迭見。唯是真如。匪徒事於空談。

要當期於妙悟。

我佛如來。有沐浴真言。謹當宣誦。

唵 底沙底沙 僧伽 娑訶 三徧動鈸

主 主法想浴室寬廣。嚴淨光明。六道羣生。皆入中浴。承法力故。不相妨礙。身意快然。得大安樂。

表 表白振鈴述偈。

〇六道四生俱法界 若幽若顯數難量

殊名異號本虛稱 奇相劣形皆幻質

〇倏往倏來同過隙 方生方滅等浮漚

皆從一念失元明　遂使有身隨妄報

○此日檀那興普度　佛天高會肅清齋

仰憑慈力為提持　攝取羣生無不至

○欲使歸依回正道　先須澡浴淨諸塵

外塵既淨內心融　始可前趣承法供

香 宣獻浴偈時。香燈師將冥衣用鐵鉗鉗之陵空焚化。 表 助表直白治衣文云。

入室而悟水因。既宣明於妙觸。澡身而去塵穢。載謹肅於外儀。」由親承佛力之加。俾悉反人形之舊。同然一相。會彼千差。」將親近於尊容。必莊嚴於盛服。宣之以真言祕密。照之以妙觀幽微。發起淨緣。資成等施。天衣自然被體。不待意求。法藥普與熏心。何論念感。」以我志蘊利人之願。故他修有益己之功。即類而推。無事不可。

我佛如來。有治衣真言。謹當宣誦。

唵　旑暮伽　⿰寧立⿰免也你米縛塞窒嚛　主嚕

主唱 莎嚩訶 誦咒三遍促鈸

王 主法想六道羣生。皆承法力。同作人形。顏貌端正。衣服嚴身。威儀濟濟。欣悅無量。召入內壇外。丹墀暫住。 表 正表振鈴直白。

不洗塵。不洗體。既妙悟於圓通。必振衣。必彈冠。復善修其容止」。斯可預無遮之會。是為登大覺之門。宿學深者。於茲煥發性靈。自障重者。至此頓忘業習」。願承師教。當於今夕而知歸。甚適我懷。應以此身而得度。幸聞善誘。宜

即歡趨。鈸一陣

[香]香燈將浴室內牌位請出供於桌上。

[表]表白唱蓮池海會讚。以表預求佛聖接引離塵之意。讚畢。接唱願生西方淨土中。四句偈已。香燈將牌交齋主手。隨傳爐。鳴引磬二下。主法表白問訊。齋主舉牌。傳爐人舉盤。次第奉迎六道至內壇外。香燈將牌仍供天香几上。各歸位。左右對面立。表白振鈴。鈸一陣。助表直白云。

咨爾六凡。同然一會。孰分彼此。何間親怨。以由資法力之提持。故得體施懷之平等。將趣盛席。必習真儀。」所謂淨相對之根塵。以至稟

無作之歸戒」。當由正轍。可蹈大方。宜端列於後先。咸竦聞於誡飭。白已煞鼓鈸一陣

主 主法想六道。及亡靈等。次序班列於淨道之上。猶如雲海。

表 表白振鈴宣偈咒爲六道清淨三業。

○維爾羣靈俱集會　將親三寶作歸依
身儀俱已獲莊嚴　或有未能清口意
○載假如來方便道　為除三業眾愆尤
祇於當念了真空　六用一時俱寂靜

正表
接白

我今奉為法界六道一切羣生普令清淨六根三業佛有真言。謹當宣誦。

唵　薩網婆縛　薩婆達磨　薩網婆縛

述摩含　三徧

主

主法想六道羣生。三業六根。各獲清淨。無有染礙。

表

表白振鈴宣偈爲六道燃香致敬。

○維爾羣靈無始劫　飄零六道未知歸

幸哉今夕以何緣　罄法界中蒙普度

○此際將親三寶眾　先須虔爇一鑪香

以茲清供寓真誠　願賜慈悲為納受

助表接白　我今奉為法界六道。一切羣生。然香達信。佛有真言。謹當宣誦。

唵　什伐栗多末你　阿鉢羅句吒　蘇

破囉尼　毗迦知　虎許　誦咒三徧動鈸一陣

主　主法想香雲海。普熏三寶聖賢之前。爲六道羣生通達信心。無不周徧。

表　表白振鈴宣偈爲六道奉請三寶。

○維爾羣靈咸在列　肅清三業瑩無塵
從茲欲入大乘門　是必先投三寶境
○夙世已修須發習　今身初學可為因
將行勝法作歸依　故此最初勤奉請

表 唱畢煞鈸已。表白振鈴接唱云。

香 香燈將牌送齋主手捧。主法齋主一同轉面向上立。

至心歸命請。盡虛空徧法界。十方常住佛陀耶。并諸眷屬。煞鈸○主法齋主。率六道羣生同時作禮一拜。下例此。

至心歸命請。盡虛空徧法界。十方常住達摩耶。并諸眷屬。

至心歸命請。盡虛空徧法界。十方常住僧伽耶。并諸眷屬。拜已放牌。主法齋主歸位仍對面立。正表直白云。

我今奉為法界六道。一切羣生。奉請三寶。起梵

佛有真言。和 謹當宣誦。此咒須低聲舉

南無三滿多　母陀南　唵烏佐鉢囉諦

賀多諦　薩縛怛多孽多　俱舍冒地唵

娑哩野　沒哩　布羅迦也　薩訶誦呪三徧動鼓鈸

主　主法想三寶聖賢。悉皆雲集座筵。證明作法。表　助表直白。

法界六道。一切羣靈。隨筵真宰。受薦先亡。各各暫住壇前。少待法師登壇。宣傳戒法。然後參禮座席。◯白已。主法押磬。香燈接魚。鳴法器同唱。正表舉回向偈云。

菩提妙華徧莊嚴◎隨所住處常安樂◎。煞鼓鈸三通鳴引磬

禮佛出堂。△此時壇外六道牌處。須阻定兩邊行路。一切閒雜人等。不宜從露地邊走。倘有沖犯。恐遭殃咎。愼之愼之。

◉第八為下堂說幽冥戒 在黃昏時

晚飯前。香燈於內壇中央。普供桌前。横擺半桌一張。小椅及被墊向外擺。桌上供佛一座。香燭爐臺儀軌經蓋撫尺。爲主法位。座東西廂兩頭。對面擺半桌兩張。小椅及被墊亦對面擺。桌上爐臺儀軌經蓋。爲二表白位。正表桌上擺小淨鐘一架。齋主捧牌拜用。朝外正中桌前擺盤几。几前擺拜墊一個。座前於西邊槅口面向東設半桌一張。小椅被墊爐臺儀軌經蓋。爲齋主位。預報兩侍者。爲主法站班。晚膳畢。擂鼓三陣點香燭。知客領齋主迎請。主法帶具侍者跟班。進壇已。齋主歸位。主法居中拜墊前立。二表白在主法前對面立。打迎請香燈將引磬遞與二表白。正表押引磬。舉爐香乍爇讚。衆同唱。主法拈香。展具三拜登座。次齋主拈香。至香雲蓋三拜歸位。讚畢。煞引磬已。各就坐。表白鳴引磬。念南無本師釋迦牟尼佛三徧。接念無上甚深微妙法。四句已。煞引磬竟。

主 主法想六道羣靈。受薦亡者。各各翹跪座前合掌。乞授戒法。◯主法鳴尺示云。

法界六道。一切羣靈。當知此時。所以得至法會者。由今施主。為能開建普度大齋之故也。」然而問津此道。須發信心。心未能信。於道何有。」言信心者。如四明法師之言曰。信一切法。

唯心本具。全心發生。此即指事理二造為所信也。」生無別理。並由本具。信此事造。由理具也。」具無別具。皆是緣生。信此理具即事造也。」則知世間相常。緣起理一。既已了知事理不二。更復當知色心互融。是以法法周徧。念念具足。十方三世。不離剎那。諸佛眾生。皆名法界。是為圓信。互具互造之義也。」既能信一切法。心具心造。又復當知實無能造所造。能具所具。以即心是法。即法是心。能造所造。能具所具。皆悉當處。唯是一心。皆悉當處。唯是一色。唯心唯色。對待斯亡。妙觀照之。無非「三諦」。若其然者。當處皆空。一空一切空。全體即假。一假一切假。二邊叵得。一中一切中。一心三觀。照不縱橫。三諦一境。體非並別。惟斯妙理。誰不具之。三世諸佛已證此。一切衆生正迷此。雖終日迷。而終日不離乎此也。誠能信此三諦之理。聖凡體一。便可信今日法施之會。正以一體三寶為歸依處。從初發心至於究竟。皆此日信心之所成就也。願六道含靈。深信此言。永為依據。（法師即廣爲六道說法。歸依一體三寶。鳴尺一下云。）法界六道含靈。已能圓發大心。得決定信。今當為汝仰依聖教。委釋一體三寶之相。俾知聖凡同具。次當正示觀心三寶之法。俾知修性互融」。言三寶者。如天臺聖師之言曰。佛未出世。但有輪王十善之化而已。自大聖初成正覺。首為提謂長者開授三歸。使之翻邪歸正。為入聖之根本者也。」此三歸者。通發一切戒品。及諸出世善法。故不同十善之舊法也。」言歸者。歸以反還為義。反邪師而還事正師。此歸於佛也。反邪法而還修正法。此歸於法也。反九十五種外道。而還從於三乘正行之侶者。此歸於僧也。」言依者。依以憑為義。憑心靈覺。得出三界。是依於佛也。憑佛所說法。得出三界。是依於法也。憑三乘之侶。得出三界。是依於僧也。」言三寶者。此佛法僧。可尊可重。故名寶也。而有事有理。事者。住持三寶也。理者。一體三寶也。」言住持者。佛在世時。樹王得道為佛寶。說四諦法為法寶。度五比丘為僧寶。佛滅度後。範金合土。紙素丹青為佛寶。黃卷赤牘。三藏聖教為法寶。剃髮染衣。紹隆佛化為僧寶。此三住世不絕。故曰住持三寶。」然一切像。即是真身。經典所在。是佛舍利。今時凡僧。亦能荷負正法。為世福田。是亦所歸之處也。」言一體者。以實相慧覺了諸法。非空非有。亦空亦有。雙亡雙照。三智圓覺。名為佛寶。」所覺法性之理。三諦具足。名為法寶。如此覺慧。與理事和合。名為僧寶。」如上依於教法。委釋一體三寶之相。以為汝輩六道一切羣靈。

開發妙解。今更為汝。依於行法。以正示觀心三寶之法。故天臺四明二師之言曰。諦觀一念之心。即空即假即中。即是三寶。如汝六道羣靈。現前一念。本具三諦。在迷不覺。是為法寶。能覺三諦之智。是為佛寶。諦智相合。是為僧寶」。諦理是性。餘二是修。汝輩本具性中三法。雖迷不覺。理本諦當。名為法寶。全性起修。成三諦智。則能覺悟。名為佛寶。此智與性。相應和合。名為僧寶。更細推之。三九開合。恐繁不舉」。如是歸依三寶。一切道法。任運而生。上至等覺。尚須歸依。何況地向以下。二乘聖人。尚須歸依。何況六道凡夫」。我今為此。專為汝等。奉行歸依。俾宿世善根之人。由此成熟。都未發心之人。於此投種。當知汝輩本具一體三寶。是能感之因。諸佛已證一體三寶。是能應之緣。惟其感應之道不忒。是以授受之義

清肅靈羣道六輩汝惟依歸唱將今我」成方

方成」我今將唱歸依。惟汝輩六道羣靈。肅清三業。翹跪座前。一念勤求。聽我言說。

香 香燈將六道牌交齋主手。令於佛前長跪。主 主法鳴尺爲六道羣靈說三歸。

表 每段主法先說一徧。次二表白接一徧。至歸依僧。正表鳴淨鐘一下。齋主一拜。

我弟子六道羣靈等」從於今身直至佛身。

歸依佛。歸依法。歸依僧。齋主聞淨鐘聲一拜。三宣三拜。

主 主法想六道羣靈。隨法師教。同音三宣。鳴尺開示三結云。

上來授汝三歸已竟。更加三結。令法圓滿。

我弟子六道羣靈等。

歸依佛竟。　歸依法竟。　歸依僧竟。

每偏宣完。鳴淨鐘一下。齋主一拜。三宣三拜已。又鳴尺宣。

從今已往稱佛為師。　從今已往稱法為師。

從今已往稱僧為師。　惟願三寶哀憐攝受。

每偏畢。鳴淨鐘。齋主一拜。三宣三和。齋主三拜。又宣云。

南無十方常住佛法僧。主法三說。表白三說。齋主三拜歸位。

主　主法爲六道行大乘懺悔法。鳴撫尺開示云。

汝等六道一切羣靈。已能歸依三寶。為佛弟子。更當進求菩薩大乘戒法。永為成佛之本。」但以汝輩。無始而來。經歷諸趣。罪業重積。能為遮障。」今為汝輩。依大乘門行懺悔法。俾身心光潔。方堪納戒。」言懺悔者。如天臺聖師之言曰。要須知懺悔名。知懺悔處。知懺悔法。知懺悔位。懺悔名者。梵語懺摩。此云悔過。若投誠三寶。悔過首罪。是為知懺悔名也。」懺悔處者普賢觀經云。若欲懺悔者。端坐念實相。我心自空。罪福無主。依此觀心。知罪實相。是懺悔處也」懺悔法者。有事有理。理者正觀。事者助道。正觀者即觀法性。法性者諸法實相也。助道者身旋禮。口讀誦。心策觀。正助合行。是懺悔法也」懺悔位者。其義最長。汝輩六道羣靈。若造五逆十惡。諸惡律儀。念念作惡。親近惡侶者。是為地獄業因。當得地獄趣報。受極重苦。曠劫莫脫。」若有深著五欲。不義取財。利己枉人。癡呆無知者。是為畜生業因。當得畜生趣報。更相殘害。無能止息。」若有慳貪不施。邪見諂曲。破齋犯戒。不信因果者。是為餓鬼業因。當得餓鬼趣報。常時饑渴。無由一飽。」若有薄修福業。常懷勝他。我慢陵人。多好爭訟。是為修羅業因。當得修羅趣報。一日三時。苦具自至。此輩應須懺悔。滅除業障。」若夫慎守綱常堅持五戒。是為人業因。當得人趣報。然人中有八苦。而復多造種種不善。死墮惡道。如是等罪。應須懺悔滅除業障。」至於行十善道。修世禪定。是為天業因。當得天趣報。然天中有五衰。耽著欲樂。而不修行。福盡還墮。甚有直從上界入地獄者。應須懺悔滅除業障。」此外更有六道往來。受中陰身。隨業遷轉者。」更有值遇惡緣。不盡天年。遂至橫亡者。」更有強暴之鬼。伺人之便。興禍求食。或復加害。如是等類。皆應共行懺悔。滅除業障。是為識懺悔位也」如上且就六凡以論。今明聖位當懺悔者。藏通二教。三乘聖人。雖有析色體色入空之殊。界內界外巧拙之異。然同除四住。同證偏空。但離斷常中。未聞佛性中。是故應須懺悔。滅除業障」別教雖臻十向。尚修中。未能證中。雖歷十地。既證中。未免後障」乃至等覺。尚或未得無學。是故應須懺悔。滅除業障。」即如圓教十住。至於等覺。法身智斷。猶未究盡。喻同十四夜月。是故亦須懺悔。滅除業障。」從無間業。上至圓教等覺。位位皆有三障煩惱頭數。結業流類。苦報等差。該亙凡聖。故五十校計經云。齊至等覺。皆令懺悔。正此義也。」夫二死已亡。三惑永斷。唯佛一人。自餘聖賢。尚須懺悔。況六道乎。」我今奉為六道一切羣靈。依大乘經懺悔之法。對三寶前。發露懺悔。行懺悔者。身心清淨。念念之中。得見普賢菩薩。及十方佛。宜各至心。隨我所說。

香 香燈令齋主捧牌長跪。候表白唱重句畢。鳴淨鐘一下。令齋主一拜。每重句皆然。

表 表白鳴引磬。爲六道行懺悔法。主法先二句一唱。表白次二句一和。主法鳴尺唱云。

我弟子六道羣靈等。至心懺悔。」齋主於重句末一拜下同一切業障海。皆從妄想生。」若欲懺悔者。端坐念實相。」眾罪如霜露。慧日能消除。」是故宜至心。懺悔六情根。三徧唱畢。煞引磬。齋主歸位。

汝輩六道羣靈。無始至今。中間於先佛世時。得逢知識。教令發心求菩提道者。固亦多矣。

〔主〕主法撫尺一下。勸六道發菩提心。示云。

但以宿世煩惱障厚。願行力微。志不決定。稍值惡緣。隨即退失。或生末聞佛法之處。隨順世間種種惡法。何由能發菩提之心。今茲何幸。得逢施主。開建普度大齋勝會。已依大乘行懺悔法。便當於此猛發菩提大心」。然菩提心。當云何發。何名菩提。如天臺聖師之言曰。佛菩提心者。從大悲起。佛正行中。此心為先。欲求佛道。先以大悲熏心。乃至得果之後。欲行化他者。亦必以此大悲為之本也」。言菩提者。如光明玄義言。梵語菩提。此翻為道。菩提有三。一曰真性菩提。此以理為道也。二曰實智菩提。此以智慧為道也。三曰方便菩提。此以逗機會理為道也。」於是觀於不思議境。依無作四諦。立四宏誓。起大悲心。依苦諦。誓度無邊之衆生。依集諦。誓斷無盡之煩惱。此兩誓願。下化衆生也。」起大慈心。依道諦。誓學無量法門。依滅諦。誓成無上佛道。此兩誓願。上求佛果也。」我今奉為六道羣靈。依此妙義。發四宏誓。宜各至心。隨我所說。主法撫尺一下唱云

我弟子六道羣靈等。至心發願。主法表白唱齋主拜同前

衆生無邊誓願度。 煩惱無盡誓願斷。

法門無量誓願學。 佛道無上誓願成。

三唱三拜已。齋主歸位。煞引磬畢。主法鳴撫尺一下。爲六道說戒云。

汝輩六道羣靈。已能依大乘門。懺悔發願。今當至心。進求戒法。」夫大乘三聚無作妙戒者。度生死海之巨筏。起重惡病之良醫。證涅槃道之要門。入諸佛位之正軌也。」諸佛出興。志在敷化。敷化之方。曰戒定慧。然圓人所修。一成一切成。是故學戒。即學定慧。一心中學。學無不徧矣。」言戒者。禁止之義也。言戒相者。大乘三聚戒。名出地持。曰攝律儀者。無惡不斷也。曰攝善法者。無善不修也。曰攝眾生者。無有情不度也。」今當更為汝輩先論所發戒體。以為稟受。故天臺聖師之言曰。戒體者。不起而已。起則性無作假色。謂此戒體不起則已。起則全性。而性修交成。心有無作假色。」假色者。性必假色法。以為表見也。無作一發。任運止惡。任運行善。不俟再作。故曰無作」。自非退菩提心。更學邪法。起上惡心。造十重業。未來他世。雖在三惡道。終不失戒。若於後更受菩薩戒時。不名新得。名為開示瑩淨。蓋謂重為開示其已聞之義。瑩淨其已得之體而已」。至矣哉。戒法之勝有如此者。我今奉為汝輩。法界六道一切羣靈。奉行羯磨。宜各至心。諦聽作法。

[主] 主法三番羯磨時。想六道羣靈。各勤三業。稟受淨戒。即感種種善法。流入身心。是爲所發無作善業之色。此色微妙。天眼所見。○每番起白。先撫尺一下云。

諸佛子諦聽。汝等今於我所求受一切菩薩學處。一切菩薩淨戒。所謂攝律儀戒。攝善法戒。饒益有情戒。此諸學處。此諸淨戒。過去一切菩薩已受。已學。已解。已行。已成」未來一切菩薩當受。當學。當解。當行。當成」現在一切菩薩今受。今學。今解。今行。今成。當來作佛」。汝等能受否。（表白齋主齊答）能受。（舊本答能持。考菩薩羯磨文中。是答能受。並無從今身至佛身等字。故更正。）

此是初番羯磨已成。十方世界妙善戒法。由心業力。悉皆震動。（鳴尺。又從諸佛子宣。乃至表白答能受已。又宣。）

此是第二番羯磨已成。十方世界妙善戒法。於虛空中。如雲如蓋。覆汝頂上。（此下宣答仍與前同）

此是第三番羯磨已成。十方世界妙善戒法。

從汝頂門。流入身心。充滿正報。永為佛種。結示上來已為汝輩六道諸佛子眾。三宣羯磨。傳受戒法。作法既成。是為得戒。

主 主法爲六道說十戒。以爲持護用心之法。嗚撫尺開示云。

汝輩六道諸佛子眾。既依憑三寶。發無作戒。親聞羯磨。結成善業。宜應自此堅固護持。於一切處。勿令有犯。不為患難。退轉其心。不為塵境。惑亂其志。寧有戒死。不無戒生。縱其乘急戒緩。以三途身得值彌勒。聞法度世。何如持戒清淨。解第一義。以人天身。而與龍華最初之會」。又何如具諸戒行。三心圓發。以此土身。而升安養上品之位」。然則輪迴永謝。聖果可階。莫不由於此日。稟戒護持之力也」。今當為汝。宣揚梵網經心地品。十重波羅夷。以彰持犯之相。切須善學。敬心奉持。

香　香燈令齋主捧牌長跪。

主　主法鳴尺開示十重戒法。

第一殺戒。佛言佛子。若自殺。教人殺。方便殺。讚歎殺。見作隨喜。乃至呪殺。殺因。殺緣殺法殺業。乃至一切有命者。不得故殺。是菩薩應起常住慈悲心。孝順心。方便救護一切衆生。而反自恣心快意殺生者。是菩薩波羅夷罪。

第二盜戒。若佛子。自盜。教人盜。方便盜。呪盜。盜因。盜緣。盜法。盜業。乃至鬼神有主劫賊物。一切財物。一針一草。不得故盜。而菩薩應生佛性孝順心。慈悲心。常助一切人生福生樂。而反更盜人財物者。是菩薩波羅夷罪。第三婬戒。若佛子。自婬。教人婬。乃至一切女人。不得故婬。婬因。婬緣。婬法。婬業。乃至畜生女。諸天鬼神女。及非道行婬。而菩薩應生孝順心。救護一切眾生。淨法與人。而反更起一切人婬。不擇畜生。乃至母女姊妹六親行婬。無慈悲心者。是菩薩波羅夷罪。

第四妄語戒。若佛子。自妄語。教人妄語。方便妄語。妄語因。妄語緣。妄語法。妄語業。乃至不見言見。見言不見。身心妄語。而菩薩常生正語正見。亦生一切衆生正語正見。而反更起一切衆生邪語邪見邪業者。是菩薩波羅夷罪。

第五酤酒戒。若佛子。自酤酒。教人酤酒。酤酒因。酤酒緣。酤酒法。酤酒業。一切酒不得酤。是酒起罪因緣。而菩薩應生一切衆生明達之慧。而反更生一切衆生顛倒之心者。是菩薩波羅夷罪。

第六說四衆過戒。若佛子。口自說出家在家菩薩。比丘比丘尼罪過。教人說罪過。罪過因。罪過緣。罪過法。罪過業。而菩薩聞外道惡人。及二乘惡人。說佛法中。非法非律。常生慈心教化是惡人輩。令生大乘善信。而菩薩反更自說佛法中罪過者。是菩薩波羅夷罪。

第七自讚毀他戒。若佛子自讚毀他。亦教人自讚毀他。毀他因。毀他緣。毀他法。毀他業。而菩薩應代一切衆生。受加毀辱。惡事向自己。好事與他人。若自揚己德。隱他人好事。令他人受毀者。是菩薩波羅夷罪。

第八慳惜加毀戒。若佛子自慳。教人慳。慳因慳緣。慳法。慳業。而菩薩見一切貧窮人來乞者。隨前人所須。一切給與。而菩薩以惡心瞋心。乃至不施一錢一針一草。有求法者。不為說一句一偈。一微塵許法。而反更罵辱者。是菩薩波羅夷罪。

第九瞋心不受悔戒。若佛子。自瞋。教人瞋。瞋因。瞋緣。瞋法。瞋業。而菩薩應生一切眾生善根無諍之事。常生慈悲心。孝順心。而反更於一切眾生中。乃至於非眾生中。以惡口罵辱。

加以手打。及以刀杖。意猶不息。前人求悔。善言懺謝。猶瞋不解者。是菩薩波羅夷罪。

第十謗三寶戒。若佛子自謗三寶。教人謗三寶。謗因。謗緣。謗法。謗業。而菩薩見外道。及以惡人。一言謗佛音聲。如三百矛刺心。況口自謗。不生信心。孝順心。而反更助惡人。邪見人謗者。是菩薩波羅夷罪。主法再撫尺云

上來特為汝輩。宣說十重戒相。應當奉持。若

能如是用心。是為善行菩薩之道。願行具足。聖品可登。故此奉勉。切須敬謹。

宣已。表白鳴引磬。衆鳴法器同唱。正表舉起佛偈。主法下座佛前三拜。表白主法齋主各於天爐案前立。香燈搬座還原已。法師繞佛。齋主捧牌隨後。爲六道念佛千聲。歸位。牌仍安天爐案上。主法鳴磬收佛號。煞鼓鈸已。再爲六道稱三寶洪名。求冥加被。正表先直白云。

法界六道。一切羣靈。既獲淨戒。當須敬禮大乘常住三寶。一切聖賢。始可前進。參陪座席。

我今奉為稱唱三寶洪名。冀承威力。起唱用為加被。不用鼓鈸。香燈敲鐺鈴魚同唱。每三稱畢鳴磬一下。

南無本師釋迦牟尼佛◎　南無阿彌陀佛

南無彌勒佛　南無大乘妙法蓮華經

南無大方廣佛華嚴經　南無大乘金光明經

南無文殊師利菩薩　南無普賢菩薩

南無觀世音菩薩◎各三稱煞鈸已

表　正表合掌作梵述偈讚云。

容顏甚奇妙　光明照十方　我適曾供養

今復還親覲」　聖主天中王　迦陵頻伽聲

哀憫眾生者　我等今敬禮

煞鼓鈸一陣。接唱至心歸命云云。每條頭一句尾一句唱畢。鼓鈸均煞。下主法本位立。齋主捧牌至中立。候每係唱畢。主法齋主同作禮一拜。表白振鈴鳴鼓鈸唱云。

至心歸命禮現坐道場十方法界一切諸佛

至心歸命禮現坐道場十方法界一切尊法

至心歸命禮現坐道場十方法界諸菩薩僧

至心歸命禮現坐道場十方法界諸緣覺僧

至心歸命禮現坐道場十方法界諸聲聞僧
至心歸命禮現坐道場十方法界諸祖師僧
至心歸命禮現坐道場十方法界五神通仙
至心歸命禮現坐道場十方法界護法諸天
至心歸命禮現坐道場十方法界諸大神王
至心歸命禮現坐道場十方法界諸大士眾

主 主法於每位作禮時想。六道佛子。各有無央數眾。同時作禮。參禮三寶已。隨想六道佛子。俱入內壇兩邊。各照位次登壇。

香 參禮十席竟。香燈將牌送下堂末席安位。供列香燭茶果。

表 唱畢煞鈸已助表直白云。

既稟律儀。斯為佛子。爰即六凡之質。獲依三寶之光。一處傾誠。俱時作禮。大欣此遇。滿慰茲懷。將肅入於道場。更密承於法力。

隨白云

我佛如來。有登壇真言。謹當宣誦。

唵 弭米 補攞 鉢頭摩 暮伽跛波上聲囉

縒鎖囉 跛囉弭揺覩 矩嚕嚕 莎縛

訶 誦咒三徧動鈸正表直白 香 香燈點香二十四枝分送與主法齋主。

法界六道。一切羣靈。隨筵真宰。受薦先亡。各各受戒已竟。齋主虔誠。參禮座席。

煞鈸一陣。二表白執爐。主法齋主俱問訊出位。從下堂第一席。依次乃至十四席。一一送位上香問訊畢。

仍各歸本位。 表 正表振鈴直白

煞鼓鈸已。獻座文云。

芥子納須彌之山。毫端現寶王之刹。是爲不思議事。何關有取著心」。維茲普度之場。莫非妙嚴之境。不撥萬象。豈外十虛」。維大衆之善來。藉良緣而俱會。尊卑有序。遐邇無遺」。曲躬傴僂而趨。依位從容而坐。一念寂默。百慮銷亡。請俟移時。當行修供。

我佛如來。有相應坐位真言。謹當宣誦。

唵 旃暮伽 鉢頭摩 遜娜鵌 馱囉馱囉抳尼 漫拏肄吽 三徧 動鈸

主 主法想六道佛子。無量眷屬。親承法力。各得受座。

表 正表直白。回向云。

法界六道一切羣靈。隨筵真宰。受薦先亡。各各安坐已竟。唯佛為緣。各誦洪名。益資勝用。

白已。主法押磬。香燈接魚鳴法器。衆同唱。正表舉云。

西方極樂世界大慈大悲阿彌陀佛

繞佛五百聲歸位。主法鳴磬。收佛聲已。又鳴磬一下。法師齋主俱跪。主法押磬。香燈鳴引磬。正表舉。衆同唱華嚴經普賢行願品偈云。

往昔所造諸惡業　皆由無始貪瞋癡

從身語意之所生　一切我今皆懺悔

願我臨欲命終時　盡除一切諸障礙

面見彼佛阿彌陀　即得往生安樂刹
我既往生彼國已　現前成就諸大願
一切圓滿盡無餘　利樂一切眾生界
彼佛眾會咸清淨　我時於勝蓮華生
親覩如來無量光　現前授我菩提記
蒙彼如來授記已　化身無數百俱胝
智力廣大徧十方　普利一切眾生界
乃至虛空世界盡　眾生及業煩惱盡

如是一切無盡時　我願究竟恆無盡
我此說戒殊勝行　無邊勝福皆回向
普願沈溺諸衆生　速往無量光佛刹
十方三世一切佛　一切菩薩摩訶薩
摩訶般若波羅密

摩字上接鐘鼓密字下煞九鐘十五鼓。各起立。舉三歸依。鳴引磬三拜已各回。

水陸儀軌會本卷第二終

請下堂 音義

戍音恕｜以兵守邊　迭音疊｜更也　踐音賤｜踏也　飭音勅｜謹也　馺音索｜相及也　妍音研｜美好也　抑音益｜按也又反語辭　犂音泥｜地獄之名　飫音淤｜飽也　餧音呂｜餓也　蝗音黃｜害禾蟲也　著音註｜明也撰述也　佚音逸｜安也　戎音絨｜西方人也　蠻慢平聲南方人　狄音敵｜北方人　筮音世｜以草占休咎也　鬻音育｜賣也　鰥音關｜無妻之謂　暴音報｜橫虐也　很亨上聲殘忍也　鬘音幔｜髮也　癭音嬰｜頸生瘤也　塚中上聲高墳也　滯知去聲礙壅也　噤音禁｜閉口也　籍音集｜書冊也　勘音看｜校也審也　翅音至｜翼也　鳶音緣｜似鷹而大　雁音岸｜鴻也　蛟音交｜龍屬　蜄音腎｜蛤大者曰　鼉音駝｜鱷魚之屬　鼈音別｜龜　蝦音遐｜魚

蠏音亥|螃 螺音羅|蛳 蚌音棒|介屬長形 蛤音鴿|介屬圓形者 蚋音芮|蚊小者 蠅音英|蒼 蝱音盲|蠅類小者

蛆音趨|蟲生水中 蜉音浮 蝣音由|蜉蝣似蜻蜓而小 蛣音吉 蜣音羌蛣|運糞成丸之蟲 蚖音元|虺屬而大

蝮音福|蛇虺之屬 蠍音歇|尾螯蟲也 蠆音菜|蠍屬 鴆沉去聲毒鳥 梟音消|猛禽也似鵰 蛔音回|蟯人身中蟲

渚音主|小洲曰| 衙音牙官宇 尉音畏|安也 域音役|疆界區分也 虐魚約切暴|也 殂音徂|死也

鵷音淵|鳳屬 鷺音路|鷥 貔音毗 貅音休|貔似熊 斃音敝|仆也死也 弛音史|釋也 掖音亦|扶也左右也

姬音基|衆妾之稱 妒音度|婦相嫉也 寵沖上聲愛也 蒿呼交切艾屬 萊音來|荒田之地

蓍音尸|占筮之草 廛音纏|市邸也 麤音粗|雜不精也 酣音邯|飲酒好樂不已 競音竟|爭也 毆漚上

聲擊也霍音喝｜吐亂病也癲音顛｜狂病也癇音閒｜神經病也旅音呂｜客處也魘音厭｜魅鬼也蠱音古

｜毒蟲脹也阬音坑｜溝陷也擠音濟｜推也穽音淨｜陷人之坑也迨音待｜及也擄音魯｜獲也掠音略

｜奪取也荼音塗｜害也堡音保｜障小城也征音烝｜伐也殞音允｜歿也莽芒上聲草也嘯音哨｜激

舌出聲曰艦音檻｜戰草嚙音咬｜噬也蔓音萬｜草籐也僅音覲｜止也寞音莫｜寂也喑音｜音小兒哭

也詆音底｜訶也戮音陸｜殺鞭音邊｜拷打也又箠也捶音捶｜杖擊也狴音篦｜犴獸名犬屬善守錮音固

｜堅固也寨音債｜營壘之稱剮音寡｜剔肉也慘參上聲悽也猜音財｜疑也訴音索｜訟告也憾音漢｜恨

也孥音奴｜妻子也籲音預｜呼也濤音陶｜大波也陂音卑｜澤地積水曰洶音凶｜水聲勢滔音叨｜水漫大

也帆音凡｜舟上幔也矢音始｜箭也攻音工｜擊也舳音逐｜艫長方船也艫音盧陷音限｜沒也族

音促｜種屬也擅音扇｜專也鹽音言｜鹹味之料柁駝上聲正船之木也湍他官切水激也屍音尸｜死也葬

則浪切理土也濱音賓｜水際也楫音即｜槳也捕音補｜捉也擒取也婪音嵐｜貪也舶音泊｜大船也孑音揭

｜餘也憚音但｜忌也擒音琴｜捉也餉音向｜饋也狎音匣｜戲也玩弄之意饕音滔｜貪財曰淫音寅

｜亂也魈音宵｜木石之怪魅妹鬼之為崇者媚音妹｜諂也惑也帚音肘｜掃系音繫｜相聯續也脆音碎

｜危碎易斷也瘵音債｜肺勞病也喘川上聲氣急也嘶音西｜聲破也萎音威｜草木病人病亦曰撐抽庚切勉強支持曰

憊音敗｜疲極也淹音烟｜沒也瘳音抽｜效也愈也疰音註｜病也衾音欽｜衣大被也噬音世｜嚙也

獷音礦｜麤惡也陟音直｜登高也嚌音際｜嚼也齧音業｜齒相切以斷物也仇音求｜怨對也饞音慚｜貪食也

靖音靜｜審也安也閨音圭｜閨女子之處蜼音為｜幕也屠音徒｜宰殺生命襁音強｜約小兒於背者褓

音保｜衣也衣巾以負小兒麋音眉｜似鹿而大也佃音甸｜治田也烹普庚切煑也炰音庖｜燒也膾音檜｜細切肉

也腊音昔｜燔乾其肉也蒸音貞｜熏炙也癘音隸｜疾疫也豚音屯｜小猪獵音粒｜取禽獸也漁音魚｜捕

魚蝦也砧音斟｜切肉石也掇朵入聲拾取也挾音協｜持也鵰音貂｜猛禽也蛾音莪｜蛻蛹而飛者缸音岡

｜大甕遞音替｜更易也烊音羊｜融也赫音黑｜大赤色也淋音林漓音離｜淋漓水滲入地也幺音邀｜幼

小也跌音迭｜失也嶮音險｜阻也巇音希｜危險也縻音米｜羈也繫也逡七倫切退卻也吭音杭｜咽也

咻音休嚁音留悻音幸—很怒也帑湯上聲藏金之府也笞音癡—捶擊也酷音哭—慘虐也怙音戶—恃也

謾音饅—欺也違忠欺上曰釁音幸—讎隙動也袂迷去聲衣袖裾音居—衣後臻音溱—集至也臊音燥—腥臭之氣

湢音逼—浴室也⿰寧立寧立切⿰名也名也切窒音質竦音聳敬也忒音特—差也傴音雨僂音樓—傴屈背之勢栖音棲—止也又皇皇也

水陸儀軌會本卷第三

梁誌公大師等撰　明雲棲袾宏補儀
宋東湖志磐重訂　清眞寂儀潤彙刊

◉第九禮水懺上供

內壇第四日清晨。合堂上供水照常。早膳後。令廚司辦九大碗菜一桌。供飯及六色菜饅十一席。二香燈在主法齋主桌上。點香燭。鳴魚。禮誦水懺各一部。三卷須一氣念完。正念時。香燈撥取供飯等。如法供之。懺畢。合堂焚香燭。知客領齋主進壇上三寶供。唱念儀式與誦地藏經日同。

◉第十行供下堂法事

午食前。預備供下堂供品。與上堂同。不用小祖衣。召請單置表白桌上。備茶机二張。及拜墊。置下堂一二席前。下堂十四席飯菜等。俱供齊畢。午飯後未時。初發鼓三陣。點香燭。法師齋主進壇。上香禮佛。鼓鈸三通。振鈴執爐。二表白同舉云。

至心歸命禮。十方法界。諸佛法僧。常住三寶。

一拜。煞鼓鈸一陣。畢。

表 表白振鈴述獻香偈。

建大寶爐開法供　香風濃郁藹栴檀

羣生無一不心聞　於此悟明中道義

正白

我佛如來。有然香真言。謹當宣誦。

唵什伐栗多末你 阿鉢羅句吒 蘇破

囉尼 毗迦知 虎許 誦咒三徧 動鼓鈸

[香] 香燈拈香展禮三拜。

[主] 主法想香雲海。充塞道場。六道羣靈。熏聞開悟。

[表] 表白振鈴述灑淨偈。

湛湛靈泉盈寶器 了知流出自心源

只於當處悟真機 徧灑法筵無不淨

助白

我佛如來。有灑淨真言。謹當宣誦。

唵伐什囉 賒咩耶 吽癹 悉哩摩吧薩訶三編

香 香燈持水。於下堂十四供席灑淨畢。隨送證明疏於正表。

主 主法想水至几席之上。光明嚴潔。悉皆清淨。

表 正表直白。

六趣何多。一時俱會。由憑佛力。得預道場。當悉徇於真規。庶咸歆於淨供。成茲法施。藉彼信心。敢布勤渠。用彰發起。齋主拈拜長跪正表起梵白云

上來脩建法界聖凡水陸普度大齋勝會道場。茲當奉供下堂十四席羣靈。有意敷宣。三

寶光中。希垂朗鑒。正助俱跪。宣疏已。促鈸。齋主歸位。表白同振鈴述偈

歸命十方三寶眾　願垂神力為冥資

我今具食誦真言　徧彼六凡咸受供

茲供下堂述偈讀文。如供上堂式。所異者。下堂供文作讀書聲。◯助表直白云。

夫一切法。體是三德。依正色心。何所不具」。是以大周剎海。小極一塵。過現未來。剎那一念。此三德體。則無所不徧者也」。三德者何也。法身。般若。解脫。是為三。各具常樂我淨。是為

德。法身不獨法身。必具般若解脫。般若解脫。互具亦爾」圓人一心。具此三德。非縱非橫。故喻之以圓伊。徧一切處。故目之以祕藏。大矣哉。其法性之總相者乎」洪惟我釋迦牟尼如來。宣說施食法門。俾於一心。持誦無量威德自在光明勝妙力陀羅尼。加持一食。出生無量。周徧法界。普興供養」蓋此陀羅尼者。即是三德祕藏。此祕藏者。具一切法。故能於此流出無窮，而未嘗有竭也」。夫威德自在者，解脫德也。光明者，般若德也。勝妙者，法身德也。力者，三德之力用也。陀羅尼者，總持之稱也。總持三德，要在一心。一心三德，法爾而具」。然則一心即陀羅尼，陀羅尼即是法食，莫不皆以三德共為之體，亦莫不以三德共為之用」。我今由能了知三德祕藏，具一切法，一切諸法同三德體，故能舉體起用，作我現前所奉分段之食。於一一食。出生一切天須陀甘露味。及歡喜丸。醍醐酥酪。一切美味。莫不畢具」於此一一味中。亦復出生妙香寶華天衣瓔珞。衆寶輦輿。一切服用。鐘磬金鐃。笙簫角貝。鼓樂絃歌。一切妙音。流泉浴池。華果園林。光明臺殿。一切住處」復於一一美味。一一服用。一一妙音。一一住處。彼彼出生。如上六塵。一切妙供。無不周徧。如帝網珠。千光交映。一珠趣多珠。多珠趣一珠。一多相攝。彼彼互照」然則一器之食。至微至約。而所以能有如是不思議用者。以此一念。即三德之全體故也」我今奉為施主。持此三德。所熏六塵妙供。普施法界無量羣生。一時充足。無所乏少」雖彼衆生。各得受用。而我本無所與。衆生本無所取。所施衆物。亦本無有。我及衆生。亦無有相。是為以空為觀者。雖復無與。無取。無物。無我。無衆生。而其施者。受者。及中間物。莫不宛然。歷歷可見。是為以假為觀者」。於一心中。了知施者。受者。及所施物。非有非無。三輪俱絕。是為以中為觀者」。三觀圓照。一念中得。無後無前。何思何慮。作如是觀。而行施者。是為不住相施。是諸眾生。受此施時。一一自然皆得禪悅法喜。以故居天道。則轉增勝福。在人倫。則頓悟真歸。修羅調伏瞋心。餓鬼咸獲飽滿。畜類自得智慧。地獄永脫拘囚。即於此時。咸悔業因。進求出世」。當知適為汝輩歸依三寶。奉行懺悔。發菩提心。立四宏誓。示之以三聚淨戒。顯之以三德妙體。明白洞達。更無餘蘊」。而又於此時。加之以法食之益。是法是食。俱得為利。則如天台之言曰。譬如熏藥。藥隨火勢。入人身中。患除方復。法隨食入。亦復如是。或近或遠。終破無明。是皆上藉茲日法施之力。以致若是。

我今奉宣。無量威德自在光明勝妙力陀羅尼。加持法食。充徧法界。成大功能。如前所說。

仰憑法眾。同音持誦。主法押磬記數。香燈鳴魚同念。正表舉。

曩謨薩嚩怛他孽路◎嚩路枳帝唵。三跋囉。

三跋囉吽。

誦咒二十一徧。促鈸一陣◯按燄口經。施鬼眾食。令誦七徧。施婆羅門仙眾。令誦二七徧。供養三寶。令誦三七徧。今人施六道食者。多誦至七七徧。功用彌勝。

主 主法想一一食中出生甘露上味。一切餚饍。如前徧食文中六塵互徧。彌滿法界。依正諸法。皆成妙供。一時普施。法界六道。各得受用。無不周徧。

表 咒畢動鼓鈸正表直白云。

惟茲湛水。出彼高源。被以密言。成斯甘露。是為不死之神藥。能滋至渴之焦心。可使清涼。普令饒益。於此脩營之食。加乎灌沃之功。既變化之有方。則出生之無盡。莫不屬饜諸趣。暢悅羣情。咸豁悟於已靈。即頓增於法喜。接白我佛如來。有施甘露真言。謹當宣誦。

主法押磬。香燈鳴魚。同誦。正表舉。

南無素嚕皤耶◎。怛多揭多耶。怛你也他。唵。素嚕。素嚕。鉢囉素嚕。鉢囉素嚕。莎訶。

誦咒七徧動鈸一陣

香 兩香燈持水灑十四席供養。及中間普供。

主 主法想此法水。由咒力故。成上妙天甘露味。散灑供食。豈唯淨潔香美。亦復出生種種餚饍。無有限量。於諸餚饍。復能出生上妙五塵。重重無盡。周徧法界。六道羣靈。各得受用。

表 助表先直白云。

佛言。若有四眾。常誦此真言。及四如來名號。加持飲食。施諸餓鬼者。受此食已。悉得飽滿。其行施者。便能具足無量福德。則同供養百千俱胝如來。功德無別。」又言。此真言法。豈唯施鬼。亦復施仙。及以三寶。引而伸之。則知亦當施餘五趣。則法界之義方顯。我今專為稱唱四如來名。以彰勝用。

起唱 香燈鳴鐺鈴同唱每三徧鳴磬一下

南無多寶如來 南無妙色身如來

南無廣博身如來　南無離怖畏如來 唱畢煞鼓鈸

主 主法想四如來。皆現色身。攝濟羣靈。恣意受食。離諸怖畏

表 正表直白獻供文云。

萬法之性無住。故能卷歸一空。六塵之體恆周。故得舒出諸有。是以酌水獻花。然香奉食。既虔而誠。曰豐且潔。於理由心而造。在事食物無缺。事理兩交。方成妙供。空有雙敷。堪稱道合。是則此食。具徧十方。允在茲時。普熏羣

品。起梵然既遇大王之珍饍。當載聆吾佛之靈章。豈唯享則多儀。蓋是飽必須教」。正助同念均沾上味。咸悟圓常。庶因齋事之緣。同成法施之會。煞鈸已。香燈送爐盤置下堂第一席几上。〔表〕表白執手爐同唱云。

一席一心奉供十方法界。四空四禪。六欲諸天。日月星天。天曹列聖。并諸眷屬。〔表〕主法至下堂第一席拈香問訊。齋主拈香拜。下十三席皆例此。不煩贅。

惟願不迷本性。承佛威光。是夕今時受茲

供養◎ 煞鈸已表白振鈴宣偈並述讚文

○世仰四空無色定　四禪十八梵天倫

惟茲欲界六天王　五欲自娛無與比

○日月五星齊七政　北辰北斗眾天星

角亢列宿盡周天　八萬四千災變者

○十二宮辰并六甲　天曹賞罰眾天官

十方天道萬仙真　於此一時俱奉供

助表書聲白云 伏以窮無色頂。仰極境之至高。懷有漏心。與長年而俱謝。」矧四禪乃屬於邪定。而六欲不離於凡情。雖從夙脩十善而來。寧免現感五衰之相。」至若耀千光於二道。垂萬象於一天。獨憐冠上之華萎。豈覺空中之箭墜。」威權自在。為上界宮府之真仙。賞罰必行。實下地人倫之司命。」念福力久而復失。信死魔決矣難逃。以權引實者。固究竟於本原。隨業受生者。蓋一期之妄報。」雲隱峩峩之玉殿。風揚燁燁之銖衣。執妙華以遨遊。味甘露而厭飫」。意常自逸。樂且無央。八萬劫終是空亡。三千界悉從淪沒」。受形塵世。尚知聞法得道之時跌足幽區。何有離苦脫罪之處」。今則特開勝會。普度迷流。願因佛日之光。來赴檀家之供。（正接）親承法施。豁悟性空。勿眷戀於高穹。即升騰於樂土。（同和）歸命頂禮常住三寶。（促鈸一陣下同）

主　主法想三界諸天。親聞開示。豁悟性空。即生樂土。歸禮三寶。允受法供。

香　香燈送爐盤至下堂第二席几上各席例此。

二席

一心奉供。十方法界。五嶽四瀆。地載遊空。福德諸神。係祀靈祠。并諸眷屬。惟願不迷本性。承佛威光。是夕今時。受茲供養。

○五嶽聖君同佐命　扶桑水府萬仙真
江河淮濟眾龍神　四大海王諸眷屬
○華果園林并百穀　旱蝗災病眾神司

五方分野土神君　風雨雷霆熒惑類
○天下城隍諸廟食　立功施法錫朝封
十方福德衆威神　於此一時俱奉供

正表白云 伏以奠形山嶽。巨鎮稱尊。奉職雷霆。至靈可仰。穀果園林之所主。水火風雨之攸司。居海澤之龍君。守方隅之土府。城隍列廟。里域叢祠。定國安民。著元勳於史冊。禦災捍患。結盛德於人心。擅王侯徽美之稱。顯天地神明之用。」洞陰陽而有序。信賞罰以必行。既助化於昌時。宜垂名於常祀。」謂善權則暫同諸事。言實報則正墮邪思。故知血食以傷生。未若齋心而潔己。」其或多貪徒屬。廣闢殿堂。妄作殃祥。自昭威勇。」真常素昧。竟莫識於依歸。惡習彌增。將速趣於淪墜。」今則特開勝會。普度迷流。願因佛日之光。來赴檀家之供。」助接親承法施。豁悟性空。勿眷戀於塵寰。即升騰於

樂土。同和歸命頂禮。常住三寶

主 主法想五嶽四瀆諸神。親聞妙法。豁悟性空。即生淨土。歸禮三寶。允受供養。

三席 一心奉供。十方法界。帝王總統。文武官僚。儒宗賢哲。仙人隱士。并諸眷屬。惟願不迷本性。承佛威光。是夕今時。受茲供養。

○四聖輪王并列國　帝王總統及后妃

三公卿士眾名賢　凡曰百僚文與武

〇至聖大儒尊德道　著書立説顯儒宗
婆羅門衆即仙人　此土古稱仙聖者
〇遺佚尚志諸隱士　夫人命婦及封君
十方諸國衆君臣　於此一時俱奉供

助表白云　伏以聖王間出。御金銀銅鐵之輪。明主迭興。握社稷山河之柄。開基立極。繼體守文。舉六合以為家。統黎元而作子。然而君無良則喪位。臣不密則失身。若此至難。可不自畏。

維持世道。景仰儒宗。正心誠意。以發其機。制禮作樂。以崇其化」公卿百辟。具經國之賢材。將校六軍。蘊安邊之英略」逸民隱士。仙人羽流。挺出塵絕俗之標。得定命延生之術」維后妃夫人之眾。及嬪妾烈女之倫。內則之行後庭。中饋之助私室」或出或處。雖暫見於兩端。若智若愚。竟同歸於一死」今則特開勝會。普度迷流。願承佛日之光。來赴檀家之供」正接 親聞妙法。頓悟真空。勿留滯於塵寰。即升騰於樂土。同和歸命頂禮。常住三寶。

主 主法想帝王總統等。親聞妙法。頓悟眞空。即生樂土。歸禮三寶。待受供養。

四席一心奉供。十方法界。農民工商。醫卜雜流。貴賤男女。十類人倫。并諸眷屬。惟願不迷本性。承佛威光。是夕今時。受茲供養。

○十類人倫隨十習　頑愚明達各分朋

服田力穡百工人　坐賈行商醫卜者

○事上奉公諸吏卒　至於奴婢及娼優

惟忠惟孝固無慚　不義不仁宜見罰

○貧富由天皆分定　窮通有命豈人為

十方人道眾無央　於此一時俱奉供

正表白云　伏以自天降種。故並列於三才。得人為身。由宿持於五戒。豈惟有學道之分。要知具成佛之緣。」至於忠孝克脩。姦貪莫化。皆性習之相遠。致善惡之不同」。士農工商之稱四民。頑愚明達之分十類。惟醫藥卜筮之輩。及技術娼優之徒」。男女各得其朋。尊卑不失其序。名教內地。莫匪衣冠之家。遠近外邦。固多樸直之行」。壽夭窮通。其報若是。鰥寡孤獨。此苦何言。只知蹈生死之輪。寧能入聖賢之域」。元明外照。竟背失其本心。雜業交傾。將飄零於異趣」。今則特開勝會。普度迷流。願因佛日之光。來赴檀家之供」。助接 親承法施。豁悟性空。勿眷戀於殘軀。即升騰於樂土。同和 歸命頂禮。常住三寶。

主 主法想十類人倫。親聆我佛靈章。頓悟性空。即升樂土。歸禮三寶。待受供養。

五席 一心奉供十方法界。四類受生。五趣所攝。山間海底。阿脩羅道。并諸眷屬。惟願不迷本性。承佛威光。是夕今時。受茲供養。

○惟此化生天所攝　執持世界與天爭
居鄰日月是胎生　護法乘通同鬼趣
○旦在虛空暮水宿　信知此類比旁生
四生五趣攝還周　北住須彌深入海
○眾相山中為一種　號稱最劣少威神
阿脩羅道眾無央　於此一時俱奉供

助表白云　伏以夙脩十善。但成下品之因。區別四生。遂感陋心之果。專行利己。多為勝他。福雖強而報本非天。形極巨而手能障日」。處眾相山中。其威或劣。住大鹹水底。所入最深」。寶網雕欄。映行樹參差之影。奇花名苑。出眾禽和雅之音」。居宮殿則來苦具於三時。御飲食則變青泥於一口。是為惡趣所攝。蓋因邪見之堅」。其有聞悅意女言。而遽爾興瞋。共帝釋天戰。而終焉致敗」。逃身入藕竅。想多慚色。取月為耳璫。只成慢辭。但念不臧。豈明無諍」。長懷暴戾。將鬼畜之為儔。都無慈心。何人天之有望」。今則特開勝會。普度迷流。願因佛日之光。來赴檀家之供」。正接 親承法施。豁悟性空。勿眷戀於殘軀。即升騰於樂土。同和 歸命頂禮。常住三寶。

主 主法想諸阿脩羅。親聆開示。頓悟性空。即升樂土。歸禮三寶。待受妙供。

六席 一心奉供。十方法界。餤口鬼王。三品九類。諸餓鬼眾。橫死孤魂。并諸眷屬。

惟願不迷本性。承佛威光。是夕今時。受茲供養。

○諸餓鬼中名餤口　以權引實故稱王
財分三品豈無因　業報千差於此見
○食血食香非一類　依山依水即為名
閻浮地下閉幽區　或處鐵圍償宿罪
○別有夜叉羅剎鬼　至於橫死眾傷亡
十方餓鬼及孤魂　於此一時俱奉供

正表白云

伏以習慳貪之業。既非吉人。感醜陋之形。乃名餓鬼」。是以咽垂大癭。腹聳高山。足比枯柴。面同惡獸」。火炬長然於口。鍼毛每刺其身。豈唯痛苦難言。抑亦饑虛莫告」。閻浮提地下之正住。斫迦羅山間之別居。凡丘陵草木空荒之鄉。及城邑街衢憒鬧之處。固多此類。得脫何時」。不善用心。墓下鞭屍而奚益。尚知活命。人中求食以為謀」。至於被焚被溺之喪身。自刎自經之害體。凡茲短折。悉是傷亡」。孤魂渺渺以無依。長夜漫漫而未旦。唱言水水。此鬼城內那得有之。竊語刀刀。我王庫中無如是者」。今則特開勝會。普度迷流。願因佛日之光。來赴檀家之供」。助接 親承法施。豁悟性空。勿留滯於幽區。即升騰於樂土。同和 歸命頂禮。常住三寶。

主 主法想諸餓鬼衆。親聞開示。頓悟性空。即升樂土。歸禮三寶。待受妙供。

七席

一心奉供。十方法界。閻摩羅王。十王王妹。十八小王。諸司官吏。并諸眷屬。惟願不迷本性。承佛威光。是夕今時。受茲供養。

○治冥十王居地下　閻摩羅號最稱尊
惟茲神妹亦分權　善惡二童諸女吏
○十八大臣誓同治　七十二司輔泰嶽
洪伽噤等固威雄　惡毒鬼儔咸佐理

○業鏡火珠常鑑照　諸司典執本公平

十方地府眾神司　於此一時俱奉供

助表白云　伏以善心初發。上天之寶殿先成。惡念纔萌。下地之火城已具。故知現起之業行。可卜未來之報緣。」惟閻摩羅之至神。住捺落迦之冥界。列華池於四處。懸鈴網於七重。」眾鳥和鳴。香風芬郁。苦俱樂而間受。兄與妹以雙王。」因本無良。從極瞋而立邪誓。果還自熟。撲熱鐵而灌融銅」。矧十八之大臣。及百萬之精卒。由當時有奉助治罪之願。致此日得各任典司之稱」。至於泰嶽掌曹案之司。官與彼執文籍之諸吏。推鞫對驗。固無枉濫。燒然凍洌。曷不辛酸」。非諸神可專其權。實眾生自感之力。久纏妄習。徒令曠劫拘囚。欲反真脩。不出一心照了」。今則特開勝會。普度迷流。幸因佛日之光。來赴檀家之供」。正接 親承法施。豁悟性空。勿留滯於幽都。即升騰於樂土。同和歸命頂禮常住三寶。

主 主法想閻摩羅王。親聞開示。豁悟性空。即升樂土。歸禮三寶。待受妙供。

八席 一心奉供十方法界八熱八寒諸大地獄。諸獨孤獄。受苦囚徒。并諸眷屬。惟願不迷本性。承佛威光。是夕今時。受茲供養。

〇八熱正居南贍部　四門十六號遊增

須知邊住鐵圍山　此是八寒諸獄處
○劍樹刀山殃自受　鐵丸銅汁苦難逃
惟茲惡逆大阿鼻　無數劫來無解脫
○別有泰山孤獨獄　城隍祠廟管新亡
十方地獄眾囚徒　於此一時俱奉供

正表白云　伏以誹毀三寶。曾無歸敬之誠。違逆二親。罔念生成之本」。其或六根圓造。至於一業單行。過之微者責亦微。罪之大者罰斯大」。是心所作。自我之招。如夜書火滅而字存。若曉鑑形臨而影現」。極熱極寒之異熟。惡因惡果之相成。斫迦羅兩山間。日月神天不照。閻浮提八獄下。鐵銅石火交陳」。風吹劍樹。則舉體刺傷。湯涌灰河。則全身糜爛」。既受斫於斤斧。復被齧於豺狼。捺落迦謂之惡人。閻摩羅訶為獄種」。至若曠野獨孤之處。蓋從別業輕薄而言。由不明自性之真空。故莫免此時之妄報」遙遙長劫。何知得脫之期。渺渺沈魂。誰反在迷之念」。今則特開勝會。普度囚徒。願因佛日之光。來赴檀家之供」。助接親聞妙法。頓悟圓乘。勿再入於陰區。即升騰於樂土。同和歸命頂禮。常住三寶。

主 主法想地獄幽囚等。親聞開示。頓悟圓乘。轉升樂土。歸禮三寶。待受妙供。

九席一心奉供十方法界。鐵圍山間。徧五趣中。鱗甲羽毛。十類旁生。并諸眷屬。

惟願不迷本性。承佛威光。是夕今時。受茲供養。

○獅子象王昭福德　龜龍麟鳳應休祥

烏鳶燕雀是飛禽　牛馬犬羊為走獸

○鼉鼈魚蝦名水族　蚊蝱蠅蟻最微生

蚖蛇蜂蠆毒心強　鱗甲羽毛隨業受

○正住鐵圍并海渚　邊居五趣悉周遭

十方十類眾旁生　於此一時俱奉供

助表白云　伏以稟愚癡之性。正見全乖。受陋劣之形。旁生是號」水陸空之居異。魚鳥獸之羣分。胎卵溼化之四生。休咎服循之十類」鳳鳴而昭祥瑞。鵬集則表凶衰。吞鈎之餌見其多貪。赴火之明。憐其罔覺」具先知之智。豈復免於刳腸。有負重之功。亦終歸於解體」以大制小。則遽相食噉。隨業論對。則更互酬償。慨此輩之交傾。當何時而得止」至若張羅布網以夭其命。發機設穽以傷其生。方血污於刀砧。竟身糜於鼎鑊」。長懷極苦。牢結深怨。以茲自己之脂膏。飫彼不仁之口腹」。如斯酷罰。非為橫報之相加。驗以前因。實是惡修之所致」。今則特開勝會。普度迷流。願因佛日之光。得赴檀家之供」。（正接）親承法施。豁悟性空。勿眷戀於殘軀。即升騰於樂土。（同和）歸命頂禮。常住三寶。

[主] 主法想諸旁生等。親聞開示。頓悟性空。即升樂土。歸禮三寶。待受妙供。

十席

一心奉供。十方法界。諸趣往來。七七日內。七返受生。中陰趣眾。并諸眷屬。惟願不迷本性。承佛威光。是夕今時。受茲供養。

○補特伽羅為數取　生經七日太匆匆

如斯七七日纔終　決定受生隨業轉

○七趣往來無暫止　四洲經歷莫遑居

略為十七種名言　此類只憑天眼見

○別有泥犂分罪福　隨心感得巧風吹

惟茲中陰眾無央　於此一時俱奉供

正表白云　伏以從緣隱顯。若鏡像之有無。隨業升沈。如井輪之高下」。惟天上五衰之至。及人間四相之遷。三塗之出沒紛紜。諸趣之往來雜遝」。善惡極重者。即能感報。果因稍輕者。且復俟時。以未得於受身。故暫歸於中陰」。何死生之數取。由罪福之轉移。倏忽而終。壽量定於七日。變化而有。質狀比於小兒」。念念不臧。形形相續。識雖聰利。性只昏蒙」。不離萬法之中。強名六道之外。在天眼固應得見。非佛心莫能徧知」。若此無歸。誠為可憫。周流妄境以隨情。正爾牽連。回入脩門。至得道方。為止息」。今則特開勝會。普度迷流。願因佛日之光。來赴檀家之供」。助接 親聞妙法。頓悟圓乘。勿眷戀於殘軀。即升騰於樂土。同和 歸命頂禮。常住三寶。

主 主法想中陰趣衆。親聞法要。頓悟圓乘。即升樂土。歸禮三寶。待受妙供。

助白 我佛如來有獻供養真言謹當宣誦。

唵誐誐曩 三婆嚩 嚩日囉 斛 三徧動鈸

主 主法想下堂十席聖凡。隨筵神衆。及旁生獄鬼等。悉皆承茲法力。咸得受供。◯正表直白。

願因祕密不思議。熏悉使微餚轉成法供。施諸六道十席羣靈。一時普資無不周徧。煞鈸

齋主作禮。表白請齋家住處。城隍土地。此廿一席與廿二席。從第十二席開出。表其專敬。故另奉供。

十一席

一心奉供本寺齋家所屬省縣。城隍列廟。各處鄉坊係祀靈祠。諸侯王眾。并諸眷屬。

主 主法至十一席拈香問訊齋主拈拜。

惟願不迷本性。承佛威光。是夕今時。受茲供養。

○當省城隍靈佑廟　巍巍府主顯威神

祥刑自古祀皐陶　褒德於茲封列廟

○粵有明王諸往哲　郡樓旗纛大將軍

惟斯賢聖邑中尊　赫爾海神居廟食

○寺觀官衙諸土主　至於諸巷五通神

帀城屬縣眾靈祠　於此一時俱奉供

助表白云

伏以虹梁壓水。據上下之要津。雉堞齊雲。壯東南之會府。」峩峩官宇。比比民居。必有真靈。共為庇蔭。」是以城隍列廟。里邑叢祠。咸顯諸神。克享厥祀。」豐碑特立。既昭示於褒封。

邃殿宏開。用奉嚴於真像」。莫不立功施法。助國安人。將俯答於祈求。必大彰於威烈」。凡兵戈厄難之際。及水旱疾疫之時。一有所求。罔不為應」。但歆血食。曾未免於傷生。即有慈心。亦未溥於利物」。今則特開勝會。普濟羣倫。願因佛日之光。來赴檀家之供」。正接 親聞妙法。頓悟圓乘。勿眷戀於塵寰。即升騰於樂土。同和 歸命頂禮。常住三寶。

主 主法想本邑城隍神衆。親聞法要。頓悟性空。即升樂土。歸禮三寶。默允受供。

十二席

一心奉供近邑當境諸廟侯王住居六神家庭香火并諸眷屬。惟願不迷本性承佛威光是夕今時受茲供養。

○近邑侯王諸廟食　至於當境衆神明

住居福德大明王　門戶諸神并主竈

○守井守庭俱奉職　牀公牀母廁夫人

方隅太歲土司神　服事家庭香火眾

○莊庫所居并店肆　田山蔬圃及墳塋

維茲福德眾神靈　於此一時俱奉供

正表白云　伏以顯至靈而護物。大庇鄉閭。昭明信以事神。聿脩廟祀」。念聚廬而託處。知侯王之稱尊。守禁忌於方隅。謹出入於門戶」。竈專飲食之用。井備水泉之需。臥牀保以常安。奏廁賴其密護」。遠承帝制。莫妄擾於人居。無作神羞。冀默扶於世福。」至若家庭之立像位。塚墓之有地祇。田山界畔之相分。倉庫積儲之甚盛。」凡茲處所。悉有典司。如其清正。則但受香燈。或復姦貪。則恣求血肉。」此之惡習。難以盡言。是權施則行在利他。若實報則業招自我。」夙稟聰明之智。未免邪思。不知常住之心焉求覺慧。」今則特開勝會。普度迷流。願因佛日之光。來赴檀家之供。」助接大沾法施。豁悟性空。

勿留滯於塵寰。即升騰於樂土。同和歸命頂禮。常住三寶。

主 主法想齋家住居六神。親聞開示。頓悟性空。即升樂土。歸禮三寶。默允受供。

十三席

一心奉供。齋家上世。祖禰亡靈。師友親眷。諸位神儀。并諸眷屬。惟願不迷本性。承佛威光。是夕今時。受茲供養。

○天地既分人道立　最初得姓是為先

洪惟始祖及高曾　逮我二親咸薦福
○若或現存資富壽　如其已逝必超升
至於伯叔與諸姑　兄友弟恭無不度
○師友外親諸母氏　等令拔濟不遐遺
世間男女盡吾親　於此一時俱奉供

助表白云　伏以自宗祧之陰騭。故能垂裕於後昆。由梵福以冥熏。是曰追榮於上世」。然則奉先思孝。莫如崇德報功。故夫遠從高曾。近及父母」已遷神於昭代。或侍養於餘年。懷正見則再返人中。造重愆則竟淪下地」。縱耽天樂。尚何免於五衰。別證仙身。亦還來於諸趣」。事戰爭而興大忿。逐飛走以作旁行。靈風肅肅。知其為神。饑火炎炎。謂之曰鬼」。出沒四生之境。罔念超隮。迴旋六道之輪。何當止息」。其有勤脩至行。深會圓乘。想密契於無生。必高登於上品」。盡大地莫非親眷。等成拔濟之緣。歷曠

劫所有怨讐。悉動解除之念」。今則特開勝會。普度迷流。願因佛日之光。來赴本家之供」。正接

欣聞妙法。豁悟真空。勿留滯於塵寰。即升騰於樂土。同和 歸命頂禮。常住三寶。

主 主法想齋家祖宗。親聞開示。頓悟性空。即升樂土。歸禮三寶。待受奉供。

表 若有正薦表白執爐同聲奉請。

十四席

一心奉供。當壇正薦。某某府君孺人幾位尊靈。三請

惟願不迷本性。承佛威光。今夕今時。受茲

供養。若僧家建道場。前席不用。當用後一席奉供云。

一心奉供。某某堂上。歷代祖師。俗氏親眷。諸位神儀。并諸眷屬。

惟願不迷本性。承佛威光。是夕今時。受茲供養。

○大教東傳於震旦　宏基開自永平年

騰蘭莅止布慈雲　白馬肇興為住處

○歷代王臣俱景仰　名區無不建精藍

高僧駐錫闡真詮　四眾聞之生正信

○本寺開山至此日　祖師僧眾并有緣

十方緇素諸英靈　於此一時俱奉供

正表白云　伏以夢兆漢廷。敕秦蔡以西去。機熟震旦。致騰蘭以東來。創白馬之寺。用開法基。起靈鷲之塔。大揚聖化。于是凡屬名勝。皆建伽藍。廣安僧眾。俾宏法道。即以本寺而論。固已千百餘年。其間開山中興之辛勤。固為不易。

宏法利生之模範。實屬精嚴」。故得海衆同居。穆如兄弟。善信景仰。儼若神明」。既其安住者衆。交涉者多。故得法道大行。法澤普被」。茲值某某老和尚。某某之辰。其徒某某欲報剃度之深恩。敬啟無遮之法會」。所有開山中興。及歷代之住持。前亡後化。并古今之護法」。以及寺中各人得戒諸師。生身父母。普與法界孤魂。同期咸得解脫」。故此特開勝會。普度迷流。

願因佛日之光。來赴本堂之供」。助接欣聞妙法。

豁悟真空。勿留滯于塵寰。即升騰于樂土。同和

歸命頂禮。常住三寶。

主主法想本庵諸祖。親聞法要。頓悟性空。即升樂土。歸命三寶。待受妙供。△老和尚三字。若是晚輩。則改云大師。或禪人。剃度二字。若得法師。則云法乳師。公師。伯師。叔師。兄。同參。則云提攜。或訓導。師弟。改麗澤之至誼。深恩亦不可用。又師兄。同參。亦可云麗澤之至誼。徒弟。徒姪。則云欲拔輪迴之極苦。其徒二字。隨所薦之人改之。○或有正薦依序奉供。齋主至位前三禮。

表正表宣咒獻云

我佛如來有獻供養真言。謹當宣誦。

唵誐誐曩　三婆嚩　嚩日囉　斛（三徧）

[主] 主法想城隍。土地。家堂。宗祖。及正薦等。承茲法力。咸得受供。[表] 助表直白。

願因祕密不思議熏。悉使微餚轉成妙供。施諸神眾。及以亡靈。一時普資。無不周徧。（煞鼓鈸已）

[主] 表白振鈴。獻香花燈食寶等。五種供養。總念一咒。正表直白云。

慧燈散夜月之輝。定水湛秋空之色。華嚴萬行。果滿一「乘」。入此室者。唯聞諸佛功德之香。

作是觀者。但見「禪悅法喜之食」。莫不即事即理。唯色唯心。悉會正宗。全成妙供。起梵曰云

先當獻香。佛有真言。謹當宣誦。

唵 阿歌囉 阿歌囉 薩縛苾地耶 馱囉布爾底 莎縛訶 誦咒三遍動鈸一陣

主 誦咒時。主法想各種供養如雲。各各遍滿六道之前。

表 以下二表白輪宣獻某某助表白云。

獻香已畢。次當獻花。佛有真言。謹當宣誦。

仍誦前咒 **獻燈獻食獻寶** 白詞及咒皆同前。每咒三徧畢。鼓鈸一陣。

主 主法想六道羣靈。及隨筵神衆。諸亡靈等。咸承法力。受此五種妙供。悉皆周足。

表 助表直白。

備行齋法。悉入教門。要識事為。全歸理趣」是以發心措意。屈膝低頭。燒香散花。然燈奉食。莫不資成於圓觀。咸令助顯於正因。以如儀雖有多端。若隨智無非「三諦」。然則欲知斯道。豈外此宗。達萬法性相皆空。即一念思惟如

寶」更須誦聖人所說之典。俾克符自己得解之靈。悟脩行處。於是為真。示供養中。以茲為勝。

我佛如來。有法供養真言。謹當宣誦。

唵　薩婆怛他揭多　悟呬耶　摩訶鉢哩鉢底　波羅密多　布闍瞑伽　三摩達囉　窣發囉拏　三末曳　吽三徧動鈸

主主法當知前來所奉一一供事。並是財施。今誦大乘。乃是法施。財食養命。惟資福業。法以開性。是爲智度。二施並運。方名溥濟之道。況前財施。皆有慧觀方便。以法導之。則知一一供事。無非法施。法外無財。財外無法。二施平等。皆即三諦。作此想時。六道羣靈。咸蒙法喜。各得解脫。

表 正表直白。 香 香燈點香四十二枝。分送與主法齋主。

六種妙供。供獻已周。大衆諷誦六方六佛淨土尊經。主法押磬。香燈鳴魚同念。正表舉云。

南無蓮池海會佛菩薩◎三稱隨念

佛說阿彌陀經◎

主法鳴磬一下。香燈鳴引磬領前行。法師齋主問訊出位。下堂十四席上香竟歸位。誦經完。唱起佛偈出位繞佛千聲。歸位收佛聲。主法鳴磬一下。法師齋主俱跪合掌。主法押磬。香燈接魚。鳴法器同唱。正表舉觀音勢至海衆三菩薩名各三徧。起立煞鐘鼓已。唱三歸依畢。接唱回向偈云。

願以此功德。普及於一切。我等與衆生。皆共成佛道。

偈畢鼓鈸三通禮佛出壇。

◉ 第十一上圓滿供法事

第五日清晨。合壇上供水照常早食後招呼廚司預備供飯菜饅等辦齊。諸香燈搬取供。上下堂二十四席。上三寶供菜仍九大碗。俱供齊已。已時至點香燭。知客領齋主。表白主法俱進堂。各跕本位。展具鳴引磬接鼓禮佛三拜。主法起具。表白不起具。鼓畢。主法鳴磬。正表舉

心香達信。雲篆騰空。六塵周徧互重重。法界悉含融。聖境冥通。應念現金容。

主法拈香讚內三拜。齋主拈香至香雲蓋三拜。煞鼓已。主法

押磬。香燈敲鐘鼓魚。大眾同念。正表舉懺悔文。香燈鳴引磬。法師齋主出位。廿四席上香。香燈點香七十八枝分送。乃至韋關前上香。竟歸位。文念完。唱大行普賢菩薩三稱。舉云。

三寶廣無邊。僧伽萬德功圓。六年苦行證金仙。說法利人天。放光獻瑞周沙界。天龍八部共同瞻。千賢萬聖會祇園。結集永流傳。接回向偈

以此經咒功德。回向護法龍天。三界嶽瀆靈聰。守護道場真宰。祈福保安平善。莊嚴無上菩提。普願法界怨親。共入毗盧性海。煞鐘鼓正表舉

南無靈山會上佛菩薩

三稱接。念齋佛儀如常至。變食眞言廿一徧。兩香燈灑水廿

四席飯菜上。至甘露水眞言七徧。普供養眞言三徧。已。不

唱天廚妙供。唱蓮池海會讚畢。接。

四生登於寶地。三有托化蓮池。河沙餓鬼證

三賢。萬類有情登十地。

四句偈結尾。不煞鼓。鳴引禮佛出堂。內壇香燈撤供品。午食

前客堂掛送聖執事牌。及普佛牌。午二板。外壇念普佛一堂。

回向送靈船。

◉第十二燒圓滿香法事

午供事畢。於內壇中間設座。如冥戒式。惟主法座位朝裏。表白座亦同。齋主座設普供桌東邊。面對法座。全堂換長燭。未時至。焚香燭。發鼓三通已。知客領齋主迎請主法帶具進壇至座前。向外立。齋主歸位。二表白在主法前左右對面立。正表押引磬。舉爐香乍爇讚。主法拈香展具三拜。登座爲六道羣靈開示法要。指歸淨土。令修念佛三昧。求願往生。齋主拈香雲蓋三拜歸位。讚畢。煞引磬已。各就坐。表白鳴引磬念南無本師釋迦牟尼佛三稱。接念無上甚深微妙法。四句偈畢。煞引磬竟。

主主法想六道羣靈。受薦亡者。各各集於座前。請求法要。主法鳴尺開示云。

汝輩六道佛子。自入道場。屢聞法要。所謂發起圓常正信。歸依一體三寶。行大乘懺悔。立四宏誓願。而又獲聞大乘妙戒無作之法。乃至一香一花。明燈奉食。幢旛瓔珞。歌頌讚歎。六塵供事。互徧莊嚴。一一無非備明法華開顯之事。究竟圓融三諦之理」。將使汝輩開發妙解。達茲萬境。唯是一心。諦觀一心。本不可得。隨心而造。不礙緣生。若依若正。若色若心。

妙觀觀之。無非妙法」。然而此土濁惡。障重機疏。縱有進修。難於成辦。仰荷如來。有異方便。曰觀佛三昧。俾於阿彌陀佛極樂淨土。專心繫念。遂得往生。我釋迦世尊。於此娑婆世界。曰極苦穢土以折之。故其地泥沙荊棘。惡道充滿。其時寒暑晝夜。推遷無常。其人胞胎受生。男女雜沓。其衣食辛勤造作。麤惡分段。但增業障。其壽命短促。朝暮不測。示如是種種諸苦。教人起心生大厭惡。」於彼佛世界。曰極樂淨土以攝之。其地寶池瓊苑。無三惡道。清淨光明。其時無寒暑晝夜。其人蓮華化生。純丈夫相其衣食隨念而至。珍奇美妙。惟成法喜。其壽命同於彼佛。久長無量。示如是種種樂事。教人起心生大欣慕。」故世尊因韋提希發起。為說十六妙觀。以為求生之要。先觀落日者。所以標想西方。而令向彼佛也。」良由此能想心。本具一切依正之法。今以具日之心。想於即心之日。令本性日。顯現其前。惟心與日。皆是法界。作是觀者。名日觀成也。」日觀既爾。餘觀例然。次觀水。觀地。觀樹。觀池。及以總觀。凡此六觀。皆觀彼土之依報也。」次觀座。觀像。觀佛。觀二菩薩。普觀。雜觀。凡此七觀。皆觀彼土之正報也。」次三觀者。三輩九品往生。令其捨劣而取勝也。」又經云。是心作佛。是心是佛。言作佛者。顯佛從修。非是自然。全是而作。全性成修。故曰心作也」言是佛者。顯佛本自具。非從修得。全作而是。全修成性。故曰心是也」汝輩六道羣靈。解此妙義。應當依法用觀。修此三昧。是則由三昧力。由佛攝受力。由本有功德力。會三力於一時。收成功於一念。便可不離當處。坐寶蓮華。不逾剎那。往生彼國。即心念佛。慕果修因。祖有誠言。可弗努力。

雲棲袾宏補曰 上來所說觀想念佛三昧已竟。今當更說持名念佛三昧」。竊惟淨土之為教也。肇始於釋迦世尊。闡揚於歷代賢聖。於是以念佛一門。而分四種。曰持名念佛。曰觀像念佛。曰觀想念佛。曰實相念佛。雖有四種之殊。究竟歸於實相而已」。又以前三約之為二。一為觀想。一為持名。觀想則十六觀經言之詳矣」。此論持名。則阿彌陀經云。聞說阿彌陀佛。執持名號。若一日。二日。乃至七日。一心不亂。其人臨命終時。阿彌陀佛。與諸聖眾。現在其前。是人終時。心不顛倒。即得往生阿彌陀佛極樂國土。此萬世持名念佛從出之大原。乃金口所親宣之妙法也」。古德云。觀法理微。眾生心雜。雜心修觀。觀想難成。大聖悲憐。直勸專持名號。良由稱名易故。相續即生。此闡揚持名念佛之功。最為往生淨土之要。若其持名深達實相。則與妙觀同功。上上品生。當不疑矣。」現前諸佛子。如前懺悔門中。二乘聖人。圓心大士。乃至等覺。尚須懺悔。既彼均當懺悔。豈不咸應往生。而況位在凡夫。生居學地者乎。」我今奉為六道現前諸佛子等。皆同一心稱佛名號。求生淨土。願佛慈悲。特垂攝濟。

說畢。表白鳴引磬。唱起佛偈。各起座。主法禮佛三拜。法師齋主各於天香几前立。候香燈撇座還原。隨繞佛千聲歸位。主法鳴磬收佛號。又鳴磬一下。各長跪。合掌唱觀音勢至海衆各三徧。起立煞鼓鈸已。

【主】念佛之時。主法想六道羣靈由聞法故。心開意解。皆同念佛。求願往生。阿彌陀佛。及諸大士。以慈威力而攝取之。即使六道念佛衆生。頃刻間乘寶華臺。得生彼國。

【表】正表爲施主推廣施心。發度生願。作梵腔白。

靖惟十方。所有羣品。雖地居文物之盛。及人多佛法之傳」。六根闇蔽者。則所不知。五苦沈淪者。於茲弗覺」。況遐方遠地之處。有愚人聾啞之徒。但求自謀衣食之常饒。豈聞普度水陸之為益」。至於貧窮困滯。疾病縈纏。在牢獄以被囚處。卑小而受制。雖存慕仰。何得修營。既自棄於良緣。亦焉蒙於善利」。茲因齋會。特發施懷。率六趣之迷倫。陳一心之宏誓」。若疑若信。或自或他。咸慰滿於所期。俾圓成於斯願。

煞鼓鈸一通

表 表白爲齋主。代爲六道羣靈。不曾歸依三寶等者。勸陳十願。作梵音白云。

正 修齋功德。一分奉為法界六道。一切羣生。

不曾歸依佛法僧者。代伸歸依。當願三寶慈光。常垂加護。此下每條頭上。皆加修齋功德。至一切羣生三句。

助　不曾禮讚佛法僧者。代伸禮讚。當願三寶慈光。常垂護念。

正　不曾供養佛法僧者。代伸供養。當願三寶慈光。常垂攝受。

助　不曾懺悔三世重罪者。代伸懺悔。當願一切業障。即得清淨。

正　不曾勸請諸佛住世者。代伸勸請。當願轉妙法輪。普利法界。

助　不曾隨喜修行大乘者。代伸修行。當願若自若他。圓成行願。

正　不曾回向勤求佛道者。代伸回向。當願普與羣生。同入佛智。

助　不曾發願上求下化者。代伸發願。當願佛道圓成。衆生普度。

正 不曾念佛求生淨土者。代為求生。當願早託蓮胎。華開見佛。

助 不曾發心求菩提道者。代為發心。當願一向圓修。即成究竟。

正表直白 上來奉為罪障深重。不聞三寶法界羣生。勸陳十願。用結勝緣。植菩提因。期心果覺。表白爲齋主。代爲七趣十類羣生。各悔業因。進求解脫。勸發十願。作梵白云。

正 修齋功德。一分奉施。十方法界。以下每條加此三句諸天道中。著樂無厭。五衰忽至。一切眾生。
當願進慕真常。早蒙解脫。

助

諸仙道中。抗志虛無。保守幻質。一切眾生。
當願進學無生。早蒙解脫。

正

諸福德神。典司陰陽。興災降福。一切眾生。
當願進慕真修。早蒙解脫。

助

諸人倫中。求名貪利。汩沒風塵。一切眾生。
當願進學大乘。早蒙解脫。

正

諸修羅中。好行瞋恚。鬬戰不已。一切衆生。當願息諍興慈。早蒙解脫。

助

諸餓鬼中。饑渴逼切。歷劫受苦。一切衆生。當願渴惱蠲除。早蒙解脫。

正

地府主吏。記註生死。判決獄囚。一切衆生。當願執法寬慈。早蒙解脫。

助

諸地獄中。有間無間。歷劫受苦。一切衆生。當願罪性本空。早蒙解脫。

正 諸旁生中。遞相吞噉。刀砧受死。一切衆生。當願怨業頓空。早蒙解脫。

助 諸中陰中。七趣往來。數取生死。一切衆生。當願不昧己靈。早蒙解脫。

正表 直白 上來修齋。無量功德。回施七趣。十類羣生。殷勤勸發。十種大願。咸被鴻恩。圓成施度。

表白爲齋主。代爲法界君臣庶民。貴賤男女。各悔業因。進求解脫。發四十八願。白云。

正 修齋功德。一分奉施。十方法界。以下每條加此三句中華民國。遠近鄰邦。有道無道。君王總統。

當願慈念蒼生。德化天下。

助　懿德夫人。博學大(音太)家(音姑)。相夫教子。一切淑媛。

當願母儀閨壼(音閫)。師範女流。

正　名門俊裔。高閥貴胄。才可華國。一切英賢。

當願志道據德。善身善世。

助　齊家治國。宣化牧民。居中在外。一切官僚。

當願忠恕存誠。安人濟物。

正

親提師旅。統制邊方。為國忘軀。一切將士。

當願軍政修明。四維畏服。

助

策名為臣。遭讒被逐。或罹非命。一切官僚。

當願事迹彰明。得全忠節。

正

行師失律。干犯軍令。遭罹重譴。一切將士。

當願忠義在懷。保全身世。

助

經明行修。隱居教授。不求聞達。一切賢儒。

當願師道尊嚴。深明素學。

正

正意出家。虔修三學。道果未熟。一切僧尼。當願不退初心。終成正覺。

助

志慕長生。精心修鍊。大丹未就。一切道流。當願方便先成。回心佛道。

正

田野耕桑。拾薪採果。食力為養。一切農民。當願地利豐饒。全家溫飽。

助

百工眾藝。仰食四方。勤苦無成。一切人倫。當願售賣有方。衣糧無乏。

正

醫專治疾。卜以決疑。術業未成。一切人倫。

當願為學精明。濟人利物。

助

行舟海國。列肆市廛。所求未遂。一切人倫。

當願物貨濟通。豐家富國。

正

貪名逐利。干謁四方。奔走勤勞。一切人倫。

當願清心寡欲。樂天知命。

助

府吏胥徒。私居執事。奴婢走使。一切人倫。

當願用心公忠。處身廉謹。

正 攻城略地。喜立事功。好殺生靈。一切人倫。

當願慈愛在懷。敬重物命。

助 漁獵屠劊。為利殺害。販肉自活。一切人倫。

當願亟起慈心。頓拋惡業。

正 師巫咒術。左道惑眾。詭祕懷姦。一切人倫。

當願止息邪心。回趣大道。

助 伶優淫樂。艷歌媚舞。衒賣女色。一切人倫。

當願自悔自慚。改從正業。

正　從軍出戍。鬪戰身亡。濫被軍誅。一切人倫。

當願思悔昔愆。永消惡業。

助　干戈擾亂。轉徙他鄉。遇寇遭傷。一切人倫。

當願獲值善人。提攜全活。

正　刀杖枷鎖。非法囚禁。遭羅王難。一切人倫。

當願得值公明。早獲原放。

助　虎狼毒蛇。羅剎惡賊。風火水難。一切人倫。

當願常起慈心。不敢加害。

正

中藥中蠱。自刎自經。牆壓焚溺。一切人倫。

當願宿業消亡。復歸善道。

助

天雷誅擊。冢訟徵呼。先亡復連。一切人倫。

當願解釋前因。各求超度。

正

怨家急取。獄鬼誤收。邪鬼侵陵。一切人倫。

當願宿善提持。應時放釋。

助

世智辯聰。好事文筆。毀瀆佛法。一切人倫。

當願回讚大乘。頓消邪見。

正　愚騃無知。鄙陋下劣。不信三寶。一切人倫。當願深信菩提。發明妙智。

助　四體不勤。終日放縱。怠棄諸事。一切人倫。當願持身勤謹。綜理正業。

正　受人役使。奔走道途。勞苦不息。一切人倫。當願早遂寬閑。隨求自足。

助　酣酒嗜色。博弈遨遊。破家蕩產。一切人倫。當願立志保身。重興祖業。

正　水陸往來。持刀強劫。穿窬為盜。一切人倫。
當願改悔前心。重尋正業。

助　爭財奪產。被謗遭讒。結成咒詛。一切人倫。
當願解釋怨讐。不求加報。

正　言語相違。交爭不止。競相毆擊。一切人倫。
當願兩意相和。不成怨結。

助　獻諂懷姦。擠排賢善。唯求自利。一切人倫。
當願忠正居心。推尊賢哲。

正　信讒惡直。嫉妒賢良。我慢自高。一切人倫。當願樂聽忠言。喜親有德。

助　惡口兩舌。好行瞋罵。陰毒害人。一切人倫。當願永絕惡言。慈心待物。

正　癲癇霍亂。中氣中暑。客忤魘死。一切人倫。當願不失本心。早逢妙治。

助　瘵癆瘟疫。癰疽蠱脹。惡疾縈纏。一切人倫。當願早值良醫。獲全性命。

正

盲聾攣躄。中風癱瘓。四肢殘廢。一切人倫。當願早遇神方。獲全身相。

助

鰥寡孤獨。貧困饑寒。老病無歸。一切人倫。當願獲依仁賢。終身給養。

正

妒寵恃恩。驕奢淫悍。帷薄不修。一切人倫。當願內訓閨房。守志正潔。

助

夫婦年高。祈求子息。未獲如願。一切人倫。當願生福德男。承家繼業。

正　未離襁褓。乳絕夭殤。薄福嬰孩。一切男女。

當願神物護持。延壽無病。

助　墮胎傷孕。子死腹中。產難不出。一切女倫。

當願子母兩全。保安性命。

正　不孝父母。弗育妻孥。怨積心離。一切人倫。

當願回心孝慈。悔除前業。

助　五逆十惡。不仁不義。不忠不信。一切人倫。

當願實心改革。悔除往罪。煞鼓鈸一陣

正表直白上來修齋。無量功德。回施法界。一切羣靈。

殷勤勸發四十八願。宜悔業因。即蒙超度」。

我佛如來。有果願真言。謹當宣誦。主法押磬鳴魚念云

娜謨。囉怛娜怛囉耶野。一 那莫旃喇耶。二 摩

婆路枳諦。濕縛囉耶。三 菩地薩埵野。四 摩

訶薩埵野。五 摩訶迦嚕泥迦野。六 薩縛禰

縛素囉。七 那麼塞訖嚁羝。八 三麼三麼。九

努跋囉布囉驀。十 三麼件陀。縛皤梟羝。十一

伽誐娜。弭秫第。十二目底跛囉陛。十三惹曳弭惹曳。十四迦野黠摩闍播娜野你。十五補澀跛摩闍。十六建陀弭輸陀你。十七輸陀野。十八薩縛鞞詑誐跢秫第。十九鉢頭麼。弭輸陀你。二十莎縛訶。廿一

誦咒三徧 煞鈸一陣

主 主法想法界羣生。因茲普度。咸至道場。既蒙法喜之益。復陳廣大之願。願行成就。用嚴法身。不退此心。可期佛果。

香 香燈點香七十八枝分送。

表 正表直白。

種種加持已竟。重重發願已周。最後拈香。逐

筵拜謝。促鈸已。表白主法齋主出位廿四席上香畢。歸位煞鼓鈸一陣。

香 一香燈送證盟疏與正表一香燈伺候擂鼓。表 正表高聲唱云。

如燒圓滿香畢隨送判。此時即宜預備設供官馬等事。其儀式參看送判門。

諸佛菩薩正唱一句。助重一句。已下同唱。證拜起盟立回問訊置爐向動鈸

香 香燈令齋主拈拜長跪。表 正表說偈讚三寶并宣疏回向。

稽首十方三世佛　三種常身正法藏
勝願菩提大心衆　我今皆悉正歸依
說偈仰讚。法界三寶。願於後時。再垂明證。」茲

日粵有奉三寶某甲。（用齋主名）修營法界聖凡水陸普度大齋勝會。道場宣行法事。今已告圓。具有疏文。謹當披◎讀。

（主法表白跪下宣疏。至頓首具疏起立。煞鼓鈸已。◎助表爲齋主及大衆。說自慶偈。直白云。）

即法界理。起法界心。對法界境。修法界供。向十方佛。讚說大乘。從大悲門。普度六道。三壇等施。六行俱成。是則名為真法供養。修齋事畢。慶已慶人。願諸聖賢。賜以護念。（鼓鈸三陣禮佛出壇）

第十三送判宣疏

內壇天井舖淨柴。朝裏供官馬五座。當中天府功德司判官。左中界功德司判官。右地府功德司判官。再左上堂俵錢貌司判官。再右下堂俵錢貌司判官。馬前設長桌一張。供五色果。六色菜。各五桌。茶飯饅首各五盃。判疏五道。一三五置長桌西頭。二四置長桌東頭。下堂緞貌五副。桌前拜墊二個。備鞭爆一掛。並化馬所用紙錁等。俱齊備已。內壇香燈執引磬。小魚。鼓鈸。傳爐。盤內放水盃一個。請法師齋主。各執手爐。齊到送判處。鳴引問訊。先表白同拈香三問訊。次主法拈香問訊已。押引磬。鳴小魚鼓鈸作鐺鉿板敲。唱清涼地菩薩三稱。齋主拈香三拜。唱畢。煞鼓鈸一陣。已押引磬鳴小魚。正表舉云。

南無大悲觀世音菩薩

三徧。接念大悲咒一徧。變食眞言甘露水眞言各三徧。香燈持水盃灑水食上。及灑馬四周一帀。乃至普供養眞言三徧已。煞鼓鈸一陣。二表白同聲直白奉請云。每白奉請一徧已。鳴引磬。主法表白齋主同一問訊。表白云。

奉請天府功德司判官

奉請中界功德司判官

奉請地府功德司判官

奉請上堂俵錢貌司判官

奉請下堂俵錢貌司判官正表白云

上來修建法界聖凡水陸普度大齋勝會道場。良宵圓滿。具有判文。謹當宣◎讀。

香燈鳴引。表白問訊輪宣判疏五張。首二三張梵音宣。後二張直聲讀。宣已。押引磬鳴小魚。念心經一徧。往生咒三徧。香燈將判疏五張各用緞貌一副。依次分置判官手內。轉馬向外。放紙錁馬足下。引火焚化。放鞭爆。唱蓮池海會讚已。接唱願消三障諸煩惱。四句偈畢。鳴引磬問訊。各回壇。○候火盡。將紙灰掃起。切切。

◎第十四收疏軌則

上圓滿供畢。內壇香燈到懸旛處將大榜揭下。摺成長方式。圓滿香佛事畢。將中三寶桌上供品收去。方桌撤下。并法事桌四張。拼攏擺內壇中間。由前至後直擺。桌前擺香爐燭臺一副。爐盤一個。內放淨水盃一只。桌上擺疏盤東西兩行。每行盤十二個。盤中空處。擺小燭臺六副。要燦爛煇煌為妙。桌前擺拜墊四個。前三後一。居中主法。兩邊表白。齋主在主法後。其收疏之法。每席先從當中一號收起。覆於桌上。然後一左一右。依次收而覆之。第一疏在面上。第十疏在當底。將綵緞神貌俱包於疏下。每席收畢。用總席牌將所收之疏牌并緞貌統裝於總牌內。外以紅頭繩束紮。再用紅紙条箍圍。上書第几席號次。韋闞二聖牌。按於八九二席後。六道牌。按於廿四席後。將證盟疏裝於證盟牌內。連大榜。并上堂第一席疏。一同置於東邊前一盤。第二席疏置於第二盤。如是挨次擺至廿四席疏。置於西邊前一盤。各席小花收置各席盤內。每疏盤上。安大花一枝。將大壇五色紙牌。供大殿長桌前方桌上。收齊已。預備送聖。

◉第十五送聖法儀

圓滿日午前。客堂懸掛送聖執事牌。午食後僧值令預備提燈提爐。送聖旛并令收水陸燈廿四個。內插蠟燭。排置內壇天井兩邊。又令照客三門外設方桌一張。桌幃風燈香爐。桌前擺拜墊四個。前三。後一。臨送聖時。將送聖船及旛官。供桌後。先用淨柴鋪墊。桌上供菜六碗。茶飯饅各一盃。如送聖用缸。須預早排列三門外。並備大爆一掛。◯午食前。外壇完經。午二板念普佛畢。僧值預請兩師在大殿。伺候疏盤至殿。唱念敲大魚堂鼓。又令殿香師。於大殿供桌前。擺長桌四張。兩張當中橫擺一字式。兩張接兩頭斜擺八字式。長桌前當中設方桌一張。大爐臺桌幃。將大壇五色紙牌供桌上。桌前拜墊四個。前三。後一。丹墀擺化紙鍋一只。備大爆一掛。存殿香師處。以便化榜用。齊備已。知會法師齋主用茶點畢。僧值令大殿點香燭。照客點水陸燈。提燈。提爐。候內壇香燭俱點齊已。僧值打大鐘三下。集衆。內壇香燈三位。敲引磬鼓鈸。另敲小魚鐺鈴三人。傳爐一人。以及大壇經師捧盤廿四人。聞鐘聲齊集內壇。香燈頭招呼捧盤諸師。於桌兩邊對面站。每邊十二人。照疏盤立。隨交代捧盤儀式。各用右手托捧底平肩。左手前三指扶盤角平胸。令鳴楗椎人站表白旁。以便唱誦貫氣其吹樂。鳴鑼。持旛燈。提燈。提爐。各執均排列內壇門外。諸事齊備。知客領齋主進壇。主法表白至壇已。香燈送手爐。起鼓鈸一陣。押引磬。鳴小魚楗椎。正表舉爐香乍爇讚。大衆同唱。主法拈香轉下。知客令齋主至上拈香三瓣。至香雲蓋三稱。主法表白齋主一同三拜。煞鼓鈸一陣已。香燈頭令諸師將疏盤捧起。正表白云。

上來修建。法界聖凡水陸普度大齋勝會道場。良宵圓滿。奉迎聖駕。暫住佛殿。大眾一心念佛引導。

白已接舉佛號。大衆同念。內壇法器。樂器。大殿大鐘。大鼓。齊鳴。香燈頭鳴引領頭。傳爐人隨後。次疏盤。鳴法器人依次行。內壇右遶一帀。出壇秩序。引磬爐盤前行。次鳴鑼二人。大吹二人。大幢旛四人。俱并肩行。次一旛一燈。夾一疏盤。乃至第廿四盤後。敲小魚鐺鉿鼓鈸五人。次二提燈。四提爐。俱並肩行。次正副表後。方丈燈主法。知客領齋主末後走。諸師徐徐於大殿丹墀繞一帀進殿。鳴鑼吹樂持旛執燈爐等。俱不進殿丹墀排列。其鳴引磬人領傳爐捧盤。敲楗椎法師齋主等。均從右邊進檻。靠格口向西而北。由海島後。繞至前。由左邊格口向西。復繞長桌一帀。諸師將疏盤置桌上。每桌六盤。第一盤放長桌東頭。從東至西。乃至第廿四盤放長桌西頭。疏頭對佛像。疏尾朝外。俱放畢。捧盤諸師離桌二尺許。左右對面立。鳴引磬。傳爐。敲楗椎。諸師於長桌前東頭。法師旁邊立。表白主法齋主俱至拜墊前立定。僧值鳴大磬三下。大鐘大鼓齊歇。正表止佛聲。煞鼓鈸一陣。正表直白云。

伏唯聖駕。暫住佛殿。現前所具疏楮緘緞座

席等儀。恐未精嚴。須當咒徧。大眾諷誦靈章。

悉希清淨。白已僧值押磬。鳴大魚大眾同念。正表舉。

南無大悲觀世音菩薩◎

三稱。接念大悲咒。不限徧數。香燈頭持水盃一舉。旋繞疏桌。灑水疏楮上。表白主法齋主隨後繞。將手爐頭對席盤。香烟須熏於疏楮上。繞三帀已。水盃仍放香盤內。各歸位。接心經畢。鳴楗椎。鼓鈸作鐺鉿板。大眾同唱。正表舉。

◎摩訶般若◎波羅密多◎

三稱。接唱祝延。或佛寶讚。唱已接回向偈。

以此經咒功德　至　共入毗盧性海。煞鼓鈸已。助表直白。

即俗而真。轉麤為妙。有大功能。堪具此用。即功即德。獻聖獻凡。充滿虛空。皆成如意。恩沾沙界。和南聖眾。

鈸鼓鈸已。鳴引磬。表白主法齋主同一問訊。轉身向丹墀立。香燈收五色紙牌。并大榜證盟疏。放丹墀化紙鍋內。引火焚化。放鞭爆。正表舉佛慈廣大讚。至登雲路三稱。表白主法齋主同三拜畢。鈸鼓鈸已。助表白云。

歸依佛。歸依法。歸依僧。歸依佛法僧三寶已竟。上來修建。法界聖凡水陸普度大齋勝會道場。良宵圓滿。煉疏化財。無限良因。恩沾沙界。和南聖眾。白已煞鼓鈸一陣。鳴引磬問訊。轉面向內。正表直白云。

清夜向闌。勝筵將散。備行齋事。允協物懷。示多儀必有初終。揆盛禮當全迎送」。惟聖人尊居常寂。本絕去來。俾凡情徹悟真歸。豈無方便」。資之法力。被以佛光。左提右挈。而盡空七趣之倫。前進後趨。而優入九蓮之品」。既得生於樂國。即回念於塵寰。常如是起大悲心。極未來宏普度道。接直白云我佛如來。有奉送真言。謹

當宣誦。咒亦直誦不作梵音唵。麼訶囉。穆羯叉目。三徧

鳴引磬。表白主法齋主同三拜已。香燈頭令諸師將疏盤捧起。正表直白云。

上來修建法界聖凡水陸普度大齋勝會道場。良宵圓滿。奉送聖駕雲程。大眾一心念佛引導。

白已。押引磬鳴小魚。正表舉。大眾同念佛。鐘鼓齊鳴。香燈頭領眾出殿。持旛燈各執事。照前次序夾進。於丹墀旋遶數帀。徐徐送出三門外。捧盤師將上下堂疏楮次序同置一船。或分置缸內。僧值知客須幫同照應如法。切勿聽其亂擺。執燈盤。及傳爐鳴楗椎等。俱分立桌兩邊。法師齋主俱立定。正表止佛聲。煞鼓鈸已。二表白同直白奉送云。前

五條每徧鳴引磬一拜。其餘每條一問訊。

[主]主法想諸佛。菩薩。羅漢。緣覺。祖師。仙道。諸天。諸神等。悉皆乘空而去。至下人道。修羅。畜生。餓鬼。地獄道等。並正薦當齋。悉皆往生淨土。送某席觀某席是也。

○奉送盡虛空徧法界十方常住一切諸佛。并諸眷屬。請登雲路。

○奉送盡虛空徧法界十方常住一切尊法。并諸眷屬。請登雲路。

○奉送盡虛空徧法界十方常住諸菩薩僧。并諸眷屬。請登雲路。

○奉送盡虛空徧法界十方常住諸緣覺僧。并諸眷屬。請登雲路。

○奉送盡虛空徧法界十方常住諸聲聞僧。并諸眷屬。請登雲路。

○奉送傳揚教法。禪律諸宗。諸祖師僧。并諸眷屬請登雲路

○奉送助宣佛化。持明造論。五通神仙。并諸眷屬請登雲路

○奉送十大明王。穢跡金剛。護法諸天。并諸眷屬請登雲路

○奉送護佛舍利。壇塔伽藍。齋戒護國。鎮宅諸大神王。并諸眷屬請登雲路

○奉送發揚水陸。流通至教。製儀立法。諸大士眾。并諸眷屬請登雲路

○奉送四空四禪。六欲諸天。日月星天。天曹列聖。

并諸眷屬請登雲路

○奉送十方法界五嶽四瀆。地載遊空。福德諸神。係祀靈祠。并諸眷屬請登雲路

○奉送十方法界帝王總統。文武官僚。賢聖儒宗。仙道隱逸。并諸眷屬請登雲路

○奉送十方法界農民工商。醫卜雜流。貴賤男女。十類人倫。并諸眷屬往生淨土

○奉送十方法界四類受生。五趣所攝。山間海底。阿修

羅道。并諸眷屬往生淨土

○奉送十方法界餤口鬼王。三品九類。諸餓鬼眾。橫死孤魂。并諸眷屬往生淨土

○奉送十方法界閻摩羅王。十王王妹。十八小王。諸司官吏。并諸眷屬往生淨土

○奉送十方法界八熱八寒。諸大地獄。諸獨孤獄。受苦囚徒。并諸眷屬往生淨土

○奉送十方法界鐵圍山間。徧五趣中。鱗甲羽毛。十類

旁生。并諸眷屬往生淨土

○奉送十方法界諸趣往來。七七日內。七返受生。中陰趣眾。并諸眷屬往生淨土

○奉送某省城隍列廟。各縣鄉坊。係祀靈祠。諸侯王眾。并諸眷屬。請歸祠廟。

○奉送近邑當境。諸廟侯王。家庭香火六神。本寺伽藍神眾。并諸眷屬。請歸祠廟。

○奉送齋家上世。祖禰亡靈。師友親眷。諸位神

儀。并諸眷屬往生淨土。或薦亡。從諸位神儀下加云。并及正薦當齋。某某尊靈。并諸眷屬。往生淨土。○僧家修齋不用此

○奉送某某堂上。歷代祖宗。俗氏親眷。諸位神儀。并諸眷屬。往生淨土。或有正薦。如前加添云云。若是族姓建齋。此即不用。

白奉送時。即引火焚化疏楮。一一送畢。押引磬鳴小魚。唱清涼地三稱。齋主遮手爐與香燈。拈香三拜。唱已。煞鈸竟。念觀世音菩薩三徧。大悲咒一徧。至變食眞言灑水食上。三眞言已。將旛官轉面向外。放紙錁於足下。引火焚化。放鞭爆。唱蓮池海會讚畢。接南無蓮池會菩薩摩訶薩三稱。

法師三問訊。齋主三拜。煞鼓鈸已。正表白云。

上來修建法界聖凡水陸普度大齋勝會道場。良宵圓滿。奉送十方法界。四聖六凡。齊返真境。恩沾沙界。和南聖眾。

不煞鼓鈸。大眾念佛回寺。執旛燈等諸師。各各先回。將各物送還原處。表白主法齋主。及敲楗椎諸師。俱進殿。香燈鳴大磬二下。止佛聲。鳴引磬鐘鼓。念三歸依畢。禮佛三拜。知客令齋主禮謝表白主法。及眾師。內壇香伙。預早至大殿伺候。代法師抽衣。及收掛珠。手爐。香燈收疏盤。並法器等。內壇莊嚴佛像等件。須一一檢收清楚。送歸原處。

水陸儀軌會本卷第三

供下堂音義

藹音愛｜茂也和氣曰 簫音消｜管 絃音玄｜絲屬 捍音汗｜衞也 徽音灰｜美也 娛音餘｜樂也 燁音葉

｜震電光也 銖音珠｜二十四為兩 遨奧平聲遊也 闢音必｜開也 握音屋｜持也 稷音即｜農官名穄也 穡音色

｜穀熟曰 鹹音咸｜味 雕音凋｜刻也 竅巧去聲孔穴也 璫音當｜耳著珠也 斫音灼｜擊斬也 憒音潰｜心亂也 鬧

勞去聲諠也 刎音吻｜自殺也 寱音藝｜夢中語也 纔音才｜方才也 矧音沈｜况也 捺音臘｜重按也 鞫音菊｜訊

囚也 冽音列｜寒氣也 鵩音伏｜不祥之鳥 刳音枯｜剖也 慨音愷｜悲也 鑊胡谷切釜屬 臧音章｜善也 皐

陶音高｜搖舜之臣名 纛音導｜旂羽葆幢也 虹音紅｜陽光映水空現彩暈曰 雉堞音治牒｜雉堞城上女牆也 蔬音疏｜菜

之通稱圃音普—菜園曰竈則到切炊飯祧音挑—宗祖世次也鷲音則—陰隮音幾—昇也蒞音利—臨也肇音兆—開也

燒圓滿香 音義

棘音急—刺也抗康去聲舉敵也蠲音涓—潔淨也鴻音洪—大也大家音太姑—女子之尊稱媛音元—淑女壼同閫閥音伐—閱書功狀以榜于門也罹音犁—遭也鍊音煉—冶金令精曰—劊音貴—斷也俗稱執死刑者亟音及—急也抛匹交切棄也詭音癸—欺詐也艷音焰—美麗也衒音縣—自矜也自媒也戍音恕—守邊也誅音朱—征伐也擾音擾—亂也徙音洗—遷也蠱音古—毒以毒藥害人令不自知者冢中上聲—宰長也騃音治—癡也鄙音痞—劣也綜宗去聲理也酣漢平聲樂飲也嗜音肆—喜好也窬音俞—穿牆也諂音淺—以佞媚人也癰音雍—赤腫生於肌肉疽音居

｜生于關節曰攣音戀｜手曲也躄音辟｜足廢也癱音灘｜瘋脈筋痳痺瘓音緩｜癱廢也驕音嬌｜恣縱也悍音漢｜強很凶

暴也孕音運｜懷妊也賣音欲｜售也闌音難｜晚也夜深曰

果願真言音釋

虉音泥羝音低[illegible]音令澀音失詑音拖秝音歷

果願真言字正訛

舊本補誤作禰建誤作沒秝誤作秫詑誤作詫

△今依藏本不空罥索經校正

揚州寶輪寺後學法裕募資較刻

水陸儀軌會本卷第四

梁誌公大師等撰　明雲棲袾宏補儀

宋東湖志磐重訂　清眞寂儀潤彙刊

述曰。水陸緣起梁武。成於十大高僧。慈意磅礴。儀文周密。七晝夜道場。爇種種香。然種種燈。營種種上妙飲食。煉種種上妙衣服。設種種花旛寶蓋。而為供養。名僧數百員。轉閱全藏釋典。諸佛菩薩。皆大歡喜。若聖若凡。乃至一切蠢動含靈。普仗良因。均沾妙利。猗歟休哉。甚盛舉也。隋唐之時。去古未遠。行無舛訛。降及宋世。傳久失真。漸至蕪雜。四明東湖志磐法師。乃起而訂正焉。至雲棲蓮師。復加補儀。慈濟為懷。刊板以行。獨惜所刊者。僅係表白儀軌。而臨時一切節目。多係口傳。傳或失真。至於今。苟簡訛誤之處。亦時有之。雖於大體無礙。究嫌法用未周。竊以煌煌大典。羣靈依怙。天下大矣。衆生廣矣。豈可以口耳是賴。致同祕傳之法也哉。是用文質相宜。分門別類。會成全書。法事所需。一一咸備。公之天下後世。稟成憲於書策。溥美利於無窮。庶幾仰副誌公而下。至於雲棲諸古德。翊教度生之至願也夫。

水陸內壇上下堂位次圖

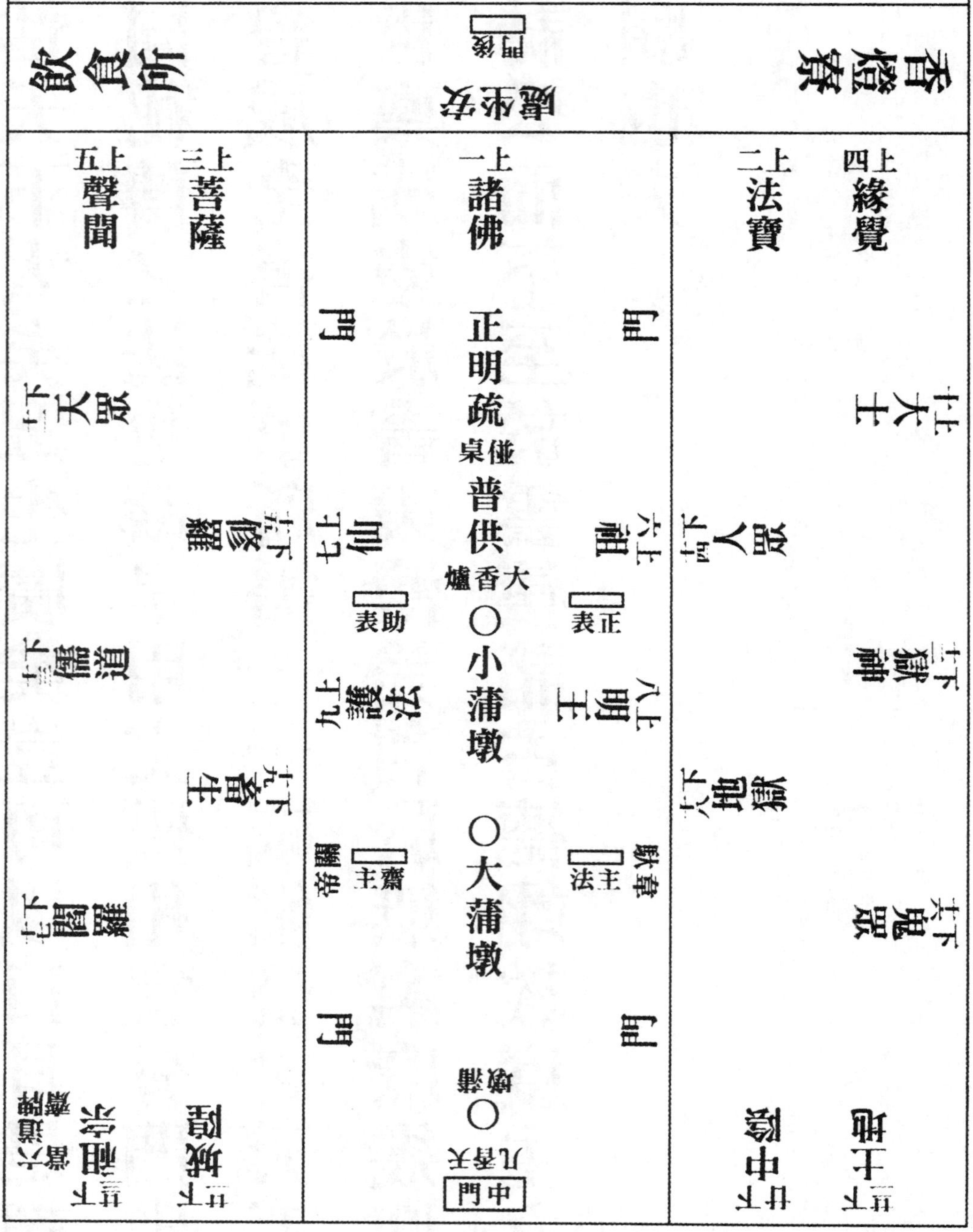

香燈寮　安坐處　後門　所食寮

上四 緣覺　上二 法寶

上十 大士　上十八 人道

下十三 獄神　下十六 鬼眾

下廿二 居士　下廿四 中宮

上一 諸佛

正明疏

供桌

普供

大香爐 ○

○ 小蒲墩

○ 大蒲墩

○ 蒲墩

天香几

中門

門　門　門　門

上六 祖　上八 明王

正表　助表

韋馱　主法　主齋

上三 菩薩　上五 聲聞

下五 修羅　下九 畜生

下廿三 東嶽　下廿一 道流 祖師

【堂司門】

一水陸內壇畫像。古規上下兩堂。共二十席。每席十位。即畫十軸。唯上堂第一席。佛聖十三軸。第十席啓教諸師。增四明志磐。雲棲蓮池。共十二軸。下第二席。開出城隍列廟。本家土地兩席。下第四席。開出本家祖宗。或增正薦。此四席畫隨改。有無不定。若堂小而畫闊。難全供者。每位縮小合畫。每席三軸。式須陋長。像須全備。一上下共廿四席。每席總列牌位一座。須照儀文。逐位清書。茲附一式。餘例此。

【第一席】先畫華蓋飄帶以覆其上次寫每席號目

○十方法界一切諸佛全身舍利寶塔位

○現在賢劫始自拘留孫佛等千佛位

○未來華光佛華足安行佛等一切未來諸佛位

○過去大通智勝佛等一切過去諸佛位

○西方極樂世界大慈大悲阿彌陀佛位

○千百億化身釋迦牟尼佛位

○清淨法身毗盧遮那佛位

○盡虛空徧法界十方常住一切諸佛并諸眷屬位

○圓滿報身盧舍那佛位

○東方藥師善德佛等十方法界一切諸佛位

○兜率天宮一生補處當來下生彌勒佛位

○現在淨華宿王智佛等一切現在諸佛位

○過去莊嚴劫始自華光佛等千佛位

○未來星宿劫始自日光佛等千佛位

○一內壇。每席長桌一張。或木板枝架亦可。中間普供位。八仙桌二張。傢長用之。上列香華。及種種妙供。又供上下堂之日。設齋筵一席。聖凡普供。故須豐盛。下設爐盤一個。○一第廿一席。與廿二席。從第十二席分出。惟府縣城隍土地為定位。其餘神祇。隨齋家居境。附近所有神廟改換。多寡不同。第廿三席。從第十四席分出。惟本寺開山及中興為定位。其餘有道德者入供。第廿四席齋家祖宗為定位。若薦亡。正薦當齋位。供於宗親後。○一內壇後留空屋一處。為香燈歇宿地。以便照應燈燭香火等事。〇一內壇上堂第一席及普供位。用大香爐一座。大燭臺一對。其餘每席各用中爐臺一副。〇一內壇門帳旛圍等莊嚴。及普供衣墊等供養。俱應另辦細布。以昭誠敬。蓋絲綢羽毛之類。害命傷慈。佛所不許。〇一內壇尊嚴之地。不可容人混闖窺探。致有褻慢衝突之殃咎。〇一水陸七日佛事。內壇在前三日先懸聖像。鋪設供疏紙緞神貌等。一一齊備。第三日五更結界。其外壇誦經即第一日起。其壇或大殿或偏殿。隨宜安設。

【鋪設門】

一內壇。主法桌上大磬一口。左中壁下香燈壇設。鼓鈸一副。大小木魚各一個。引磬二把。鐺鉿一副。鐘鼓一架。〇一內壇主法表白齋主各設半桌一張。桌上各備爐臺。經架。儀軌經。經蓋。手爐。拜墩。各一個。表白桌上鈴子各一把。正表居前東桌。副表居前西桌。主法在東下。齋主在西下。全身衣履俱宜潔淨。不得著淨衣履入廁。〇一內壇莊嚴。及簷外

燈綵。俱宜素淨細布。壇外空處。備清水兩缸。以防火燭

〇一請上堂。內壇天井中用紅凳一副。長六尺許。具十四眼。插請聖旛十首。架仙橋布一副。長四丈餘請下堂架凳仙橋皆同。惟用小旛十四首。送聖日三門外設方桌一張。并送聖船一隻。或送聖缸廿四個。由三門外從近至遠一直長擺。或左右對面擺亦可。

【經懺門】

一水陸佛事七日。第三日內壇五更結界。早食後

發符。懸旛。第四日五更請上堂午前供上堂。第五日五更告赦。早食後。二位香燈在主法齋主桌上設坐位。各誦地藏經一部。午前上供。未申時請下堂。西戌時說冥戒。第六日早食後。二位香燈仍在主法齋主桌上。各禮水懺一部。午前上供。未申時供下堂。第七日午前上圓滿供。午後燒圓滿香。入晚送聖。

一外壇佛事七日。設壇六處。◯一大壇僧眾廿四人。香燈在外。預前一日晚熏壇。次日清晨拜皇懺。

第一日至第四日。每天各拜兩卷半。第五日誦金剛經各五卷。第六日誦藥師經各五卷。第七日誦梵網經下卷。即心地品。各二卷○一另設華嚴壇。二人合看華嚴經一部○一設法華壇六眾。誦法華經。第一日二日。每天各誦五卷。第三日至六日。每天各誦經四卷。第七日二卷○一設楞嚴壇六眾。誦楞嚴經。第一日各誦經七卷。第二日至六日每天各誦經六卷。第七日三卷○一設諸經壇六眾。第一日各誦無量壽經三部。（每部上下兩卷計六卷）第二日誦無量壽經一部。(兩卷)觀無量壽佛經四卷。第三日四日。每天各誦金光明經一部半。(每部上下四卷計六卷)第五日誦金光明經一部。(四卷)第六日誦圓覺經三部。(每部上下兩卷計六卷)第七日誦圓覺經一部。(二卷)〇一設淨土壇八眾。念佛七日。各壇莊嚴供席如常設備。〇一外壇建首日。內壇香燈將五色紙牌設供大壇佛前。預先一日入晚灑淨時至。僧值師鳴鼓三通。經師齊集。知客請齋主至壇。禮佛三拜。及拜諸師已。悅眾鳴引磬。僧值接鼓。眾禮佛三拜。鼓畢。維那鳴磬舉楊枝淨水讚。齋主拈香。至清涼地三拜畢。
念南無聖觀自在菩薩三稱。維那白云。菩薩柳頭
甘露水。能令一滴徧十方。腥羶垢穢淨蠲除。令此
壇場悉清淨。白已。押磬鳴小魚舉云。教有真言謹
當持誦。南無喝囉怛那云云。念至第二徧。維那取
水盂本位三灑。轉面向西繞至佛前灑淨由東繞
至本位。僧值招呼各帶楗椎。念至第三徧。維那鳴
磬一下。悅眾鳴引磬二下。維那舉盂傳爐人舉盤。
面向外立。諸師一齊問訊。右遶一帀出壇。僧值師

領傳爐前行。經師跟行。知客領齋主末後走。至韋天前爐盤放供桌上。走至左班下立。維那與鳴小魚人跕靠供桌。諸師對面排立。止咒。煞手鼓一陣。齋主走上拈香。押引磬唱香雲蓋三稱。煞手鼓。鳴引磬。念善女天咒。齋主拈香起立問訊。維那至供桌前灑淨放盃。長跪拈香三瓣。與齋主同三拜。咒念三徧畢。同一問訊。押引磬。敲鐺鉿唱。南無護法韋馱尊天菩薩。維那齋主長跪。維那拈香一瓣。聖號三稱唱已。不煞手鼓。押引磬。維那合掌白云。神功叵測。密。行難思。示勇健於天倫。摧邪輔正。受遺囑於大覺。護法安◎僧。仰啟天慈。俯垂明證。中華民國某省州縣寺沙門某甲◎等。於今某年月日。為修齋信某啟建水陸道場七日。雲集僧眾。恭詣祠下。諷演祕章。稱揚嘉◎號。所集功德。專伸祈禱南無三洲感應護法韋馱尊天菩薩。侍從天◎等。伏願神力冥加。使茲水陸。恩沾存歿。德被人天。四恩總報。三有齊資。法界眾生。同圓種◎智。（下二句直白云）如斯祈禱。必望冥加。押引磬。敲鐺鈴唱云。十方三世一切佛。一切菩薩摩訶薩。摩訶般若波羅密。維那齋主同一拜。從伏願起至波羅密止伽藍監齋祖堂皆通用唱畢。念大悲咒。鳴引磬二下。維那舉盃。傳爐人舉盤。大眾問訊。次第至伽藍前。拜跪等儀同上。香雲蓋畢。念大悲咒一偏。唱南無伽藍聖眾菩薩三稱。祝云。神威有赫。願力維深。握一寺之權衡。作眾僧之保障。仰啟神聰。俯垂昭鑒。中華民國某省州縣寺沙門某甲等。於今某年月日。為修齋信某。啟建水陸道場七日。雲集僧眾恭詣祠下。諷演秘章。稱揚嘉號。所集功德。專伸

祈禱。南無守護伽藍之神本寺土地。一切真宰。伏
願云云見前。」衆念大悲咒。至祖堂儀式同前。香雲
蓋已。心經一徧。唱南無歷代祖師菩薩三稱。祝云。
一花獻瑞。五葉流芳。付法。藏於西乾。播心宗於東
震。仰啟聖聰。俯垂昭鑒。中華民國某省州縣寺沙
門某甲等。於今某年月日。為修齋信某。啟建水陸
道場七日。雲集僧衆。恭詣祠下。諷演秘章。稱揚嘉
號。所集功德。專伸祈禱。南無西天東土歷代祖師
菩薩。本寺開山至今。諸祖老和尚。伏願云云見前。

祝畢。念咒。至監齋前儀式同前。香雲蓋已。念準提咒三徧。唱南無大聖緊那羅王菩薩三稱。祝云。功司鼎鼐。職任粢盛。遠承香積之風。永作雲廚之主。仰啟神聰。俯垂昭鑒。中華民國某省州縣寺沙門某甲等。於今某年月日。為修齋信某啟建水陸道場七日。雲集僧眾。恭詣祠下。諷演秘章。稱揚嘉號。所集功德。專伸祈禱。南無監齋使者大聖緊那羅王之神。伏願云云見前。」祝畢。至各壇灑淨已。回壇。經師歸位。接念心經畢。唱摩訶般若波羅密多三徧。或唱大乘常住三寶三稱宣疏唱祝延畢。接以此嚴淨功德。至共入毗盧性海。鳴引磬禮佛三拜。知客令齋主禮謝諸師已。侍者傳爐。各回本處。

一外壇經師每次上壇。聽僧值鳴鼓三陣。即各整衣齊集。○一每日回向三次。一開壇二午供三了經聽僧值鳴大鐘三下為號。至回向處。須威儀整肅。不可疎忽。令人輕慢。○一大壇第五日五更。即內壇告赦時設小齋天一堂。第四日客堂師用梅紅籤寫云。明晨早四板。大壇諸師聞鼓聲齊集齋天。點心梆前貼於大壇牌上僧值於晚間令大壇香燈佈置供天壇。經桌爐臺。小齋天科儀廿四本。手爐拜墊等俱向外安置。又於丹墀朝裏設方桌三張。品字式。（每桌用板凳二張架高起）中桌上供牌云。光明會上寄位諸天并侍從天等位。香燭須發齊備。廚庫司。供菜供果等均宜備全。○一第五日五更起身。庫房師散供天諸師點心。大壇香燈往廚庫搬取供菜九大碗三桌。饅首廿四個。（分裝六盤）茶食供果碟廿四個。三桌分供。另裝雜果一盤。內放銅錢數十枚。置中桌上。（以便散灑）每桌茶飯各八盃。諸師茶點畢。焚香燭。僧值鳴鼓三通。大壇經師齊集。知客領齋主禮佛三拜。及拜衆師已。鳴引磬接鼓三拜。唱楊枝淨水讚。齋主拈拜。清涼地唱已。白水文。念大悲咒灑淨。至甘露王三稱已。遵依小齋天科儀作法。首者舉一切恭敬云云。至第一威德成就衆事大功德天畢。唱光明會上讚。乃至增福壽菩薩摩訶薩已。禮佛三拜。均不回壇坐本位少息。時到僧值鳴鼓禮佛。唱香讚。齋主拈拜讚完。舉南無本師釋迦牟尼佛三稱。無上甚深微妙法四句。念金光明經空品。乃至送聖唱佛慈廣大讚。齋主向外三拜。回壇。三歸畢。各回。

【香燈門】

一內壇香燈四位。預先數日捲綵綴神貌。各二百八十個。上堂十席用佛座封面。其內經旛龍車甲貌雲鶴各一張。次第捲一百二十個。下堂用鳳輦封面。其內經旛甲貌錢朵雲鶴次第捲一百四十個。宗親即廿三四兩席用雲鶴封面。其內鳳輦經旛甲貌錢朵次第捲一十個。上下堂不用鳳輦錢朵佛座龍車其上下堂用紅籤錫箔封上綵緞上下堂紅籤錫箔箍腰。〇一發符。四天使者。用上堂緞貌一副。空行地行地府三使者。各用下堂緞貌一副。又懸旛一緞一貌。告赦一緞一貌。送判五緞五貌。均用下堂。〇一做黃紙席疏牌二百八十個。牌籤照請上下堂聖號寫。籤之下印。修齋信某謹具緘字樣。修齋上打斜三寶印一顆。具緘上打正三寶印一顆。另做黃紙總席牌廿四個。此牌與席牌須寬一寸。以便收疏時裝席疏用。牌上籤照廿四席總聖號寫。〇一做本黃本青粉藍砂綠梅紅紙牌各一個。牌籤聖號載於書記門。黃牌釋迦。青牌彌陀。藍牌彌勒。綠牌觀音。紅牌城隍。此五牌熏壇前內香供大壇佛前。每牌內裝獻狀疏一張。又做黑紙牌一個。六道牌用〇一供席疏牌。每席由中間起。一左一右依次而供。慎勿錯亂。上堂第一席牌十三個。二至九每席十個。第十席十二個。下堂第一至十三。每席十個第十四席照宗親及正薦位定。每牌內裝獻狀疏一張。〇一發符疏套八個。告赦疏套三個。送判疏套五個。其籤聖號載書記門〇一結界後。香燈取大榜。備硃筆。請主法畫行。隨打印。辦漿糊。發符後兩香燈將大榜張貼懸旛處。周圍須用榜邊貼實。惟接縫中要虛空。免致下榜時撕破壞○一內壇宜謹守。不可脫人。其結界後。不結在堂者不許入堂。恐有不淨混入。必自招災咎。慎之。○一請上下堂須預備龍車一十雲鶴十四張。請聖時焚化用○一圓滿日普佛下殿大殿擺長桌。丹墀擺化紙鍋。以及山門外擺送聖船。或化紙缸設香案。供旛官等。香燈頭必須親視如法。免得臨時措手不及。○一燒圓滿香已備。一寸寬紅紙条廿四張。橫寫第一席。乃至第廿四席號次。收疏籠席牌用○一凡化馬後。待火燼。招呼將紙灰掃淨。惟送判化馬灰尤宜速掃。此時送聖行人甚夥。每見被其腳踏罪甚。特為至囑。〇一送聖。捧疏盤人各照次序。或依化紙缸。或排立船前。僧值知客須帮同照料。依次將疏分置缸內。或船內。緞貌花朵亦同分開安置。〇一送聖。香燈頭領前。次傳爐。次旛燈。席盤。樂器。法器。提燈。提爐。各執。次序在法師前行。乃至送聖畢回寺亦然。〇一香燈四人。互相照應搬取茶飯菜果。燒香點燭。勤剪燭煤。拂灰抹桌。各須勤謹。每天內壇須灑掃一次。莊嚴法器須細心愛惜管顧。凡內壇始自張掛。終至收壇。一切事務。盡是香燈之任。〇一香燈四人。於起內壇前一日并圓滿送聖後。須搭衣持具與主法表白見禮。以昭慎敬。〇一香燈頭須水陸儀軌精熟者。方可充當此執。

【鼓鈸門】

主法先鳴磬一下起鼓的里一個冬 冬 炵。

二鳴磬一下 的里一個冬 冬 炵。 三鳴磬

一下的里一個冬冬一個冬 冬 炵。 起一通

冬　熜。冬冬冬　熜。里一個冬　冬　熜下煞冬熜。
冬熜。冬熜。冬熜。冬熜。冬熜又。起二通冬　熜。冬
熜。冬冬冬熜。里一個冬　冬　熜。下煞冬熜。冬熜。冬
熜。冬熜。冬熜。冬熜。冬熜又。起三通冬　熜。冬　熜。冬
熜。冬冬冬熜。里一個冬　冬　熜。煞下振鈴冬熜。冬
熜。冬熜。冬熜。冬熜。冬熜又。收尾冬　熜。的里
一個冬冬熜。

【敲過街仙式】

冬　冬　冬　冬　一個冬冬熜。的里一個冬

冬炵冬炵。冬　炵。冬冬冬炵里一個冬　冬炵。

【紙紮門】

一上堂。用本黃紙做佛衣一百零五件。下堂。用高表紙做冥裙衣褲各一千三百件。大紙花三十六枝。插各席疏邊用五色紙小花三百朵。按鐵絲腳二寸長插綵緞捲上用又小花二百朵。不按腳請上下堂及沐浴所散花用○一紮旛官一位。粉紅面紅鬚。身穿鎧甲。右手叉腰。左手執鎮守壇前旛幟。○一發符紮符官馬四位。一四天捷疾持符使者。紅面黑鬚綠衣紅馬。二空行捷疾持符使者。

青面紅鬚黃衣青馬。三地行捷疾持符使者。白面黑鬚紅衣黃馬。四地府捷疾持符使者。黑面黑鬚青衣黑馬。◯一告赦。紮梵釋二天捷疾持赦使者官馬一座。白面無鬚青花衣白馬。◯一送判。紮判官馬五位。一天府功德司判官。白面黑鬚紅衣黃馬。二中界功德司判官。黑面黑鬚青衣黑馬。三地府功德司判官。白面黑鬚淡青衣白馬。四上堂俵錢貌司判官。青面紅鬚黃衣青馬。五下堂俵錢貌司判官。紅面黑鬚綠衣紅馬。◯一紮送聖船及送靈牌船各一隻。長一丈三四尺〇一做證盟疏紅紙牌一個大榜花邊一副。

【紙張門】

一用佛座一百廿張鳳輦一百六十龍車一百三十經旛二百八十雲鶴三百十張甲貌二百八十錢朵一百六十〇一備上廠黃紙三百張。印獻狀并寫小疏用本黃紙二百張。佛衣五十三張席牌八十張餘寫大榜并雜用梅紅紙十張寫證盟疏及封緞貌等用本紅紙六十張鋪席桌等用另紅綠黃紫藍各廿六張做綵緞并五色牌用黑紙一張鉛粉一包六道牌用連四箔二百張封緞貌用高表廿八刀（做冥衣用）銀硃一包（打印用）新筆一枝（大榜畫行用）樟磁三兩（點燈燭用）大漢鞭四掛（結界化榜化靈船送聖用）小漢鞭四掛（發符懸旛告赦）（送判用）麤細紅紮綆一斤（壓緞貌等用）毛昌紙箔亦宜多備（化官馬送聖等用）

【齋供門】

一內壇用沉香四兩。芸香四兩。速香一斤。貢香五斤。沉速檀五斤。棒香四百枝。貢香末一斤。〇一內壇所用紅燭須定澆雙蓋。計足斤通十六對。足四兩一百二十對。行四兩八十對。五燈四斤。其外壇等用燭在外。○一水陸佛事以齋供果品為正。故稱大齋。內壇每席供果五色。五色菜五碗。近來用攢菜非大饅首一個。每疏一鍾茶。一鍾飯。上堂第一席每日用上妙供菜九大碗一桌。普供桌上供菜三小碗。飯三盃。惟供上下堂之日。普供桌上供上齋筵一席。是為餚饍具備。方成齋式。○一廚房凡內外壇供飯供菜點心等。俱宜預辦。不得失悞時候。○內壇供果五色。三乾兩水桂圓十斤。荔子十斤。栗子二十斤。或核桃棗子等通融代換其水果用荸薺二十斤。梨子二十斤。

或柑橘甘蔗等隨時有無通融採辦並宜備足。〇一結界前一日。內壇全堂裝供果。俟供上堂後。全堂換供果。〇一水陸大饅首。供上堂五十一個。每次十七個。供下堂十五個。上圓滿供三十二個。發符懸旛五個告赦一個。送判五個。送聖時山門外用一個。又小齋天用二十四個。或飯僧供眾。齋主應用。隨宜增添。〇一備白香粳米三斗。第一日發符懸旛一升。二日供上堂四升。三日告赦一升。上午供八升。四日上午供四升。供下堂五升。五日上圓滿供八升。送判一升。又小齋天用二升。上細茶食十二色。每件半斤。〇一供上堂佛聖應在上午巳刻。供下堂諸趣應在

下午未刻所供飲食并宜調和得味方不虛設。

近見各處上供佛神。多係生冷不堪之物。至待齋主則備極豐腆。僧衆習爲固然。齋主亦習爲固然。嗚呼。根本有虧。枝葉何望。而又洋洋自得曰。吾以作法也。吾以求福也。不知其是誠何心也。竊以千餘金作水陸。至少亦數百金。於他糜費不惜。而獨惜乎餚饍數金之供。可謂明於末而暗於本。重其所輕而輕其所重矣。豈不悖哉。願修建水陸者愼思之。凡供佛神者。俱宜知此。

△夫作水陸法事。量財斟酌增減。隨宜。必須以誠敬爲本。齋主誠敬。自不肯慳恪䞋施。僧衆誠敬。亦不必斤斤較量。儘可量入爲出。於一切雜用稍爲省減。以方便之心。行濟度之事。又何必執一備辦。執一取盈。如經師不能二十四位者。即十二位。餘可例此推之。乃至無幢旛莊嚴精妙之物。亦可以五色紙代作。不可使彼絀於財者。欲籲

恩而無從也。或獨不能，亦可集衆而行。特不可以此藉口，故從菲薄。或於食物，供過再用，或以生冷不可食物而供獻之，致敬意菲薄，難感佛天歡喜。六道降臨，雖費心力，終成虛設。有名無實，豈不惜哉。

一第一日起圓滿日止，共設斛五堂。○一結界日。告赦日。圓滿日。各設如意齋三堂。○一告赦日放生一次。圓滿日普佛一堂。

【供事門】

一水陸七日前三日內，壇即灑掃潔淨，鋪置莊嚴。懸掛聖像，陳設齊備。○一外壇灑淨時，內壇須點香燭。○一外壇啟經日。內壇普供桌上燃燭。焚檀香爐。各席裝香。上中三寶供水一三盃。○一上中三寶桌上各供茶食十二碟。各席裝供果五碗三乾兩水韋關二聖前供果三碗。茶食供果待供上堂後一齊撤換。○一內壇佛事五日。每天清晨合堂上供水。午後撤供水。供菜。佛事前供。佛事後收。

【雜務門】

一水陸七日。熏壇前。僧值照應各壇香燈懸掛莊嚴。鋪設經壇法器。及茶壺盃等件。須檢查齊全。○一大壇備皇懺廿四部。金剛經。藥師經。梵綱經。小齋天儀。各廿四本。華嚴壇。用華嚴經一部。法華壇。用法華經六部。楞嚴壇。用楞嚴經六部。諸經壇。用金光明經。無量壽經。觀無量壽佛經。圓覺經。各六部。○一熏壇日。各壇香燈往庫房搬取供果碟六色。供於佛前。○一每日午前大壇佛前供菜九大碗。飯三盃。其餘各壇。及旛官前供菜六小碗。飯一盃。靈前供點飯菜隨宜而供。每晚各壇香燈點水陸牌燈。○一懸旛後。將旛官并香案。移於旛竿附近靜處設供。每日清晨供開水。午供飯菜。早晚焚香。以及每晚點九連燈。每早掛水陸旛。須令客堂小老照應。切勿大意。〇一圓滿日午食後念普佛畢。僧值令殿主於大殿中擺長桌四張。兩張橫擺當中一字式。兩張接兩頭擺八字式。条桌前設方桌一張。桌幃爐臺。桌前拜墊四個。前三個。後一個。又丹墀中擺化紙鍋一只。（化大榜用）又令將水陸燈排內壇天井中。〇一令三門外設方桌一張。風燈香爐桌幃。拜墊四個。并招呼請旛官。并送聖船。置於桌前。先以淨柴墊之或用化紙缸廿四只。皆送三門外。由近至遠直擺。或左右對擺。亦可皆以如法為妙。

【用具門】

一備水陸畫七十三軸。科儀六部。地藏經。水懺。各二部。大磬一口。引磬二把。大小木魚各一個。鐺鉿鼓鈸各一副。鐘鼓一架。鈴子一副。手爐四把。經架四個。大燭臺二副。大香爐二個。上三寶及。中三寶用大風燈一對。大銅爐一個。天香爐用小燭臺二十四對。小香爐三十個廿四席用小風燈一對。供官馬用送聖木盤廿四個。

長一尺九寸寬九寸爐盤兩個。小爐兩只。香絲碟四個。花瓶兩對。供花兩對。琉璃盞一個。淨水盃一對。撫尺一方。請聖旛上堂十首。中寫上堂十席總聖號下堂十四首。寫下堂十四席總聖號五寸盤六個。或錫或磁獻供用○一毗盧帽三頂。大珠三掛。大紅祖衣坐具三副。大合門一個。小幔兩個。中三寶用長旛牌旛四首。沿幃一條。連三幃一条。連二幃廿四条。方幃十条。爐幃兩条。經蓋四個。椅被墊四副。仙橋布一幅。長約四丈浴室帳幔一個。大水陸旛一首。○一大茶炊一把。大茶壺一把。小茶壺兩把。上供水用洋瓷盆一個。絨巾二条。浴室內用化紙鍋一只大火鉗一把。化冥衣用小火鉗一把。化雲鶴用燭花罐一個。息燭筒一個。飯菜桶各一個。飯菜勺各一把。○一竹篾簸五百根。插簸木座廿四個。插席牌用大牌簸座一個。插證盟牌用小牌簸座三個。插韋關牌六道牌用三寶印一方。雞毛帚二把。剪刀一把。內壇燈籠一對。兩邊分寫內壇二字水陸燈籠廿四個。兩邊分寫水陸大齋普利道場八字提燈一對。提爐四個。○一供水盃飯盃各二百六十只。供果盃菜盃各二百六十個。五寸碟廿四個。裝茶食用

【書記門】

一水陸擇日已。當預寫廿四席小疏名籤。俱照儀軌召請文中位數。計二百三十餘位○一寫大壇五色牌籤五張　一 南無娑婆教主本師釋迦牟尼佛。二 南無西方接引阿彌陀佛。三 南無當來下生彌勒尊佛。四 南無大慈大悲觀世音菩薩。五 本省省主城隍本縣縣主城隍之神○一寫獻狀疏一張。以便刻印寫修齋信某謹誠具緘。衆姓水陸即寫主修沙門某率信某謹誠具緘。刻戳印疏牌用○一寫黑紙牌一個。用白粉寫字云三寶六道羣生受薦亡靈并序列於此參禮〇一水陸壇內寫證盟疏一道。疏前後須留護頁疏夾板上寫籤云。啟建法界聖凡水陸普度大齋勝會道場證盟功德文疏。〇一寫請書四道。符牒四道。赦書二道。赦牒一道。判疏三道。判牒二道。小齋天疏一道。另寫請書符牒籤各四張。赦書籤二張。赦牒籤一張。判疏牒籤五張。〇一發符懸大旛一首。長約四丈寫啟建十方法界四聖六凡。水陸普度大齋勝會道場功德之旛。〇一寫大榜一道。後附榜式。

【水陸榜式】證盟疏乃獻狀式倣此

以法利生 此四字用整紙一張書大楷

伏以

靈山一會。普利益於當年。毫相億光。永昭垂於

弈世。應羣機而降格。高啟華筵。建　衆德之

功勳。用邀景福。仰干

聖意。俯鑒凡情。」爰有

一四天下　南贍部洲　東震旦土

中華民國某省某縣

某某禪寺秉
釋迦如來遺教奉行。主修法事沙門某甲」。今據
某省某縣都圖土地界下居住詣寺奉
佛修齋。啟建水陸道場。存亡兩利。普資恩有事。
修齋信某姓名。暨合家善眷人等。
維日熏沐焚香。肅恭歸命。
娑婆教主。釋迦文佛。十方常住無量三寶。水陸大
會。幽顯聖賢。同展
慈光。共明葵悃。恭申情旨。伏為

某某姓名年庚。

切念宗親已往。罔酬水木之恩。禴祀雖虔。未結歸依之願。為此恪遵

儀軌。建大齋以濟冥陽。均益葭莩。憑衆善而滋勳德。裕箕疇於五福。衆姓合眷同沾。修上品於九蓮。諸靈共赴」以今某年月日為始恭就

本寺。延請戒德如法啟建

法界聖凡冥陽水陸普度大齋勝會道場一壇。至

某日圓滿。於中謹遵

十方法界四聖六凡。萬德萬靈。光降法筵。以申供養」仗憑清眾在壇。逐日諷誦。

儀軌。一心奉請

大方廣佛華嚴經一部

大佛頂首楞嚴經二十四部

大乘妙法蓮華經二十四部

大乘金光明經二十四部

大方廣圓覺經二十四部

佛說無量壽經二十四部

觀無量壽佛經二十四部
金剛般若波羅密經一百二十卷
藥師如來本願功德經一百二十卷
梵網菩薩戒經四十八卷
地藏菩薩本願經二部　頂禮
慈悲道場梁皇寶懺二十四部
慈悲大懺悔二部　稱揚
阿彌陀佛聖號經咒七永日　設放
瑜伽津濟燄口法食五堂　奉供

三寶諸天淨齋各一席　飯食
六和僧眾大齋三堂　請乞
天庭赦書二道買放生命銀隨力　修設
山茶時果淨齋各一席　備具
金銀繒綵冥資各一分　化煉
座貌經旛錢朵。龍鳳車乘等儀各一副
如上合集功勳。奉申回向
佛法僧寶　天龍鬼神。次復普熏徧周沙界。親
怨等益。恩有咸資。凡一切以均霑。盡十方而

兼濟。仰冀

三尊允鑒。　萬聖垂光。宏開普度之門。大啟無

遮之會」。專為拜薦

當齋某某之靈更祈福佑

延生某某姓名。伏願

吉星朗照。共沾

二足之慈麻。靈爽高超。永證五清之淨土。家居樂

業。戶納徵祥。常承

慧日之照臨。同荷

法雲之覆被」。普願

四恩總報。三有均資。法界眾生。同圓種智。

本壇具此衷詞。合行給示。須至榜者。

幽　顯　咸　知　此四字寫大楷

時　維

某　某　年　月　日　即發符日　給　寫證盟獻狀改修齋信某頓首具疏

榜　榜字用整紙一張寫大楷

寫證盟疏照右榜全文。但榜首以法利生四字。并後本壇具此衷詞。合行給示。須至榜者。幽顯咸知等字。及末尾榜字均皆不用。

【寫請書式四則】

○第一張 疏內凡某日爲始即寫起內壇日某日啓經即寫起外壇日

娑婆世界　南贍部洲

中華國某省縣鄉都圖土地界下居住奉

佛修齋信某姓名暨合家善眷人等 衆姓改暨在會衆姓人等

為薦水陸道場存亡兩利普資恩有事。

恭申情懇伏為

延生信某生庚 薦亡改先某生歿年庚衆姓改在會衆姓等云

切念陽眷安和惟仰

佛光而照燭。冥靈得度。須憑
法力以提攜。為此恪遵
儀軌。崇水陸之清齋。虔設香花。迓
靈山之聖眾。願展
蓮目。俯鑒葵忱。以今某年月日為始。恭就
某某禪寺。請僧修建。
法界聖凡水陸普度大齋勝會道場一壇。先於某
日啟經。至某日圓滿。於中謹遵
儀軌。一心奉請。

盡虛空徧法界。十方常住一切諸佛。并諸眷屬。
盡虛空徧法界。十方常住一切尊法。并諸眷屬。
盡虛空徧法界。十方常住諸菩薩僧。并諸眷屬。
盡虛空徧法界。十方常住諸緣覺僧。并諸眷屬。
盡虛空徧法界。十方常住諸聲聞僧。并諸眷屬。
十方法界。傳揚教法。禪律諸宗。諸祖師僧。并諸眷屬。
十方法界。助宣佛化。持明造論。五神通仙。并諸眷屬。
十方法界。十大明王。穢跡金剛。諸大天王。護法諸天。并諸眷屬。
十方法界。護佛舍利。壇塔伽藍。齋戒。護國鎮宅。諸大神王。并諸眷屬。

發揚水陸流通至教。製儀立法。諸大士眾。并諸眷屬。
惟願　不違本誓。俯順請期。
光臨法會。證盟功德。
年　月　日修齋信某姓名具書奉請

○第二張

娑婆世界　南瞻部洲
中華國某省縣鄉都圖土地界下居住奉
佛修齋信某姓名暨合家善眷人等（眾姓改暨在會眾姓人等）
為薦水陸道場存亡兩利。普資恩有事。

恭申情懇。伏為

延生信某生庚。薦亡改先某生歿年庚 衆姓改在會衆姓等云

切念陽眷安和。惟仰

佛光而照燭。冥靈得度。須憑

法力以提攜。為此恪遵

儀軌。建水陸之大齋。欽崇

祕典。極地天而普濟。延

空禪欲之天眾。及嶽瀆地之諸神。偕來法會。共悟

真常。以今某年月日為始。恭就

某某禪寺。仗僧修建

法界聖凡水陸普度大齋勝會道場一壇。先於某

日啟經。至某日圓滿。於中謹遵

儀軌。一心奉請。

十方法界。四空四禪。六欲諸天。日月星天。天曹列聖。并諸眷屬。

十方法界。五嶽四瀆。地載遊空。福德諸神。係祀靈祠。并諸眷屬。

惟願　不迷本性。承

佛威光。當召請時。來趣法會。

年　月　日修齋信某姓名具書奉請

○第三張

娑婆世界　南贍部洲

中華國某省縣鄉都圖土地界下居住奉

佛修齋信某姓名。暨合家善眷人等。（衆姓改暨在會衆姓人等）

為薦水陸道場存亡兩利。普資恩有事。

恭申情懇。伏為

延生信某生庚（薦亡改先某生歿年庚衆姓改在會衆姓等云）

切念陽眷安和。惟仰

佛光而照燭。冥靈得度。須憑

法力以提攜。為此恪遵

儀軌。虔設大齋請

仙道人倫之眾。及五趣修羅之儔。冀齊降於道場。

俾咸沾於法味。以今某年月日為始。恭就

某某禪寺。仗僧修建

法界聖凡水陸普度大齋勝會道場一壇。先於某

日啟經。至某日圓滿。於中謹遵

儀軌。一心奉請。

十方法界。帝王總統。文武官僚。儒宗賢哲。仙道隱逸。并諸眷屬。

十方法界。農民工商醫。卜雜流。貴賤男女。十類人倫。并諸眷屬。

十方法界。四類受生。五趣所攝。山間海底。阿修羅道。并諸眷屬。

惟願　不迷本性。承

佛威光。當召請時。來趣法會。

年　月　日修齋信某姓名具書奉請

○**第四張**

娑婆世界　南贍部洲

中華國某省縣鄉都圖土地界下居住奉

佛修齋信某姓名。暨合家善眷人等。衆姓改暨在會衆姓人等為薦水陸道場。存亡兩利。普資恩有事。
恭申情懇。伏為
延生信某生庚（薦亡改先某生歿年庚　衆姓改在會衆姓等云）
切念陽眷安和。惟仰
佛光而照燭。冥靈得度。須憑
法力以提攜。為此恪遵
洪範。供設伊蒲。召鬼畜泥犁之黨。并中陰祖禰
之靈。願承法利。三途罪障以潛銷。頓悟真空。
九品蓮臺而顯現。以今某年月日為始。恭就

某某禪寺仗僧修建

法界聖凡水陸普度大齋勝會道場一壇。先於某

日啟經。至某日圓滿。於中謹遵

儀軌。一心奉請。

十方法界。餤口鬼王。三品九類。諸餓鬼眾。横死孤魂。并諸眷屬。

十方法界。閻魔羅王。十王王妹。十八小王。諸司官吏。并諸眷屬。

十方法界。八熱八寒。諸大地獄。諸獨孤獄。受苦囚徒。并諸眷屬。

十方法界。鐵圍山間。徧五趣中。鱗甲羽毛。十類傍生。并諸眷屬。

十方法界。諸趣往來。七七日內。七返受生。中陰趣眾。并諸眷屬。

某省某縣城隍列廟各處鄉坊。係祀靈祠諸侯王眾。并諸眷屬。
近邑當境諸廟侯王家堂香火六神本寺伽藍神眾。并諸眷屬。
本寺上世諸祖覺靈師友法眷及前亡後化一切僧行等眾并諸眷屬。
齋家上世祖禰先亡師友親眷諸位神儀。并諸眷屬。
惟願
不迷本性。承
佛威光。當召請時。來趣法會。
年　月　日修齋信某姓名具書奉請

【寫符牒式四則】

○第一張

一四天下　南贍部洲

中華國某省某縣

某某禪寺秉

釋迦如來遺教奉行主修法事沙門（用主法名）今據

某省某縣某都圖界下居住奉

佛修齋信某姓名暨合家善眷人等

為建水陸道場存亡兩利普資恩有事以今

年　月　日為始恭就

本寺仗僧修建

法界聖凡水陸普度大齋勝會道場一壇先於某

日啟經至某日圓滿於中仰勞

使者即持請書奉請

盡虛空徧法界三寶聖眾乃至諸大士等

降臨道場為此具牒須至牒者

右　牒

四天捷疾持符使者 准此

年　月　日主修法事沙門 用主法名 具牒奉行

○第二張

一四天下　南贍部洲

中華國某省某縣

某某禪寺秉

釋迦如來遺教奉行主修法事沙門某甲今據

某省某縣某都圖界下居住奉

佛修齋信某姓名暨合家善眷人等

為建水陸道場存亡兩利普資恩有事以今

年　月　日為始恭就

本寺仗僧修建
法界聖凡水陸普度大齋勝會道場一壇先於某
日啟經至某日圓滿於中仰勞
使者即持請書奉請
十方法界三界諸天乃至嶽瀆諸神等
降臨道場為此具牒須至牒者
右　牒
空行捷疾持符使者 准此
年　月　日主修法事沙門某甲具牒奉行

○第三張

一四天下　南贍部洲

中華國某省某縣

某某禪寺秉

釋迦如來遺教奉行主修法事沙門某甲今據

某省某縣某都圖界下居住奉

佛修齋信某姓名暨合家善眷人等

為建水陸道場存亡兩利普資恩有事以今

年　月　日為始恭就

本寺仗僧修建
法界聖凡水陸普度大齋勝會道場一壇先於某
日啟經至某日圓滿於中仰勞
使者即持請書奉請
十方法界帝王總統乃至阿修羅道等
來赴道場為此具牒須至牒者
右　牒
地行捷疾持符使者准此
年　月　日主修法事沙門某甲具牒奉行

○第四張

一四天下　南贍部洲

中華國某省某縣

某某禪寺秉

釋迦如來遺教奉行主修法事沙門某甲今據

某省某縣某都圖界下居住奉

佛修齋信某姓名暨合家善眷人等

為建水陸道場存亡兩利普資恩有事以今

年　月　日為始恭就

本寺仗僧修建
法界聖凡水陸普度大齋勝會道場一壇先於某
日啟經至某日圓滿於中仰勞
使者即持請書奉請
十方法界燄口鬼王乃至祖先亡靈等
來赴道場為此具牒須至牒者
右牒
地府捷疾持符使者准此
年　月　日主修法事沙門某甲具牒奉行

【寫赦書式二則】

○第一張

娑婆世界　南贍部洲

中華國某省某縣都圖土地界下居住奉

佛修齋乞恩信某姓名暨領善眷人等

為建水陸道場乞恩普赦事一心上奏

妙莊嚴宮大梵王尊天玉陛下

恭申情懇伏為某某年庚

切念陽眷安和惟仰

佛光而照燭。冥靈得度。須憑
法力以提攜。為此謹遵
內教。恭按　靈科開法會。以濟迷流。扣
帝閽而求大赦。」以今某年月日為始。恭就
某某禪寺。仗僧修建
法界聖凡水陸普度大齋勝會道場一壇。先於某
日啟經。至某日圓滿。今　日。寫告赦日茲當乞恩
普赦事」。於中所修經懺。諸善功德。仰祈
三寶。諸天諸神。宏施護佑之恩。度亡改哀愍之恩大啟禎祥

之眖。（薦亡改超昇之路）更為度脫三界一切有情。沈淪之苦。復念眾生類廣。津濟未周。誠恐地獄幽因。未能自便。茲者特具

奏章。上達

天庭。乞行大赦。」伏乞

天慈。俯順愚衷。宥諸有情。來赴道場。受供聞法。永脫幽途。轉生淨土。」乞恩信某姓名。不勝恐懼。哀懇激切。屏營之至。

右　具

疏。上
進以
聞
年　月日修齋乞恩信某姓名誠惶誠恐稽首頓首具奏

○第二張

娑婆世界　南贍部洲
中華國某省某縣都圖土地界下居住奉
佛修齋乞恩信某姓名暨領善眷人等
為建水陸道場乞恩普赦事一心上奏

忉利天宮大帝釋尊天　玉陛下

恭申情懇伏為某某年庚

切念陽眷安和。惟仰

佛光而照燭。冥靈得度。須憑

法力以提攜。為此謹遵

內教。恭按　靈科。開法會以濟迷流。扣

帝闈而求大赦」。以今某年月日為始。恭就

某某禪寺。仗僧修建

法界聖凡水陸普度大齋勝會道場一壇。先於某

日啟經。至某日圓滿。今 日。寫告赦日茲當乞恩

普赦事」。於中所修經懺。諸善功德。仰祈

三寶。諸天諸神宏施護佑之恩度亡改哀愍之恩大啟禎

祥之貺。」薦亡改超昇之路更為度脫三界一切有情。

沈淪之苦。復念眾生類廣。津濟未周。誠恐地

獄幽囚。未能自便。茲者已具奏章。上達

梵天。乞行大赦。茲復懇陳

大帝釋尊天玉陛下」。伏乞

天慈。號召四大天王。分遣天將。協同所委使者。徧

報六道會內。一切羣生。仍已移文。地府泰山城隍當境諸廟。請各伺候。
天庭赦文指揮。盡地府所屬。十方阿鼻。諸大地獄。正住八熱。邊住八寒。諸大地獄。惡業重罪。歷劫未脫。一切極苦囚徒」。及泰山城隍。當境諸廟。一應山間水邊。諸獨孤獄。輕罪拘繫。久未釋放者。殺害咒詛。怨讐論對。未得伸理者。一切受苦囚徒。」及當境管內。新死故亡。山林海島。一切橫死傷亡。無祀孤魂。并人間地府餓鬼類中。宿業為障歷劫拘囚者。並照指揮。悉與放行。來赴道場。受供聞法。永脫幽途。轉生淨土」。乞恩信某姓名。不勝恐懼。哀懇激切。屏營之至。

右具

疏。上

進以

聞

年　月日修齋乞恩信某姓名誠惶誠恐稽首頓首具奏

【赦牒式一則】

娑婆世界　南贍部洲

中華國某省某縣

某某禪寺主修法事沙門某甲（用主法名）今據

某省某縣都圖界下居住奉

佛修齋乞恩信某姓名　暨善眷人等

為建水陸道場乞恩普赦事以今

年　月　日為始恭就

本寺仗僧修建

法界聖凡水陸普度大齋勝會道場一壇先於某日啟經至某日圓滿今　日寫告赦日茲當乞恩

普赦事於中仰勞

使者即持赦疏迅速奏上

妙莊嚴宮大梵王尊天玉陛下

忉利天宮大帝釋尊天玉陛下

乞恩信某　不勝感激之至

為此具牒

須至牒者

右牒

梵釋二天捷疾持赦使者准此

年　月　日主法沙門某甲具牒奉行

寫判官疏式三則三張皆同樣但第二張天府改中界第三張改地府

一四天下　南贍部洲

中華國某省某縣都圖界下居住奉

佛修齋信某姓名　暨領善眷人等

為建水陸道場圓滿功德事以今

年　月　日為始恭就

某某禪寺仗僧修建
法界聖凡水陸普度大齋勝會道場一壇先於某
日啟經至某日圓滿於中所修
經懺諸善功德具列於後」諷誦
大方廣佛華嚴經一部　大佛頂首楞嚴經二
十四部　大乘妙法蓮華經二十四部　大方
廣圓覺經二十四部　大乘金光明經二十四
部　佛說無量壽經二十四部　觀無量壽佛
經二十四部　金剛般若波羅密經一百二十

卷　藥師如來本願功德經一百二十卷　梵
網菩薩戒經四十八卷　地藏菩薩本願經二
部」頂禮　慈悲道場梁皇寶懺二十四部　慈
悲大懺悔二部稱揚　阿彌陀佛聖號經咒七
永日設放　瑜伽津濟燄口法食五堂奉供
三寶諸天淨齋各一席飯食　六和僧眾大齋
三堂請乞　天庭赦書二道買放生命銀隨力
修設山茶時果淨齋各一席　備具金銀繒
綵冥財各一分化煉　座貌經旛錢朵龍鳳車

乘等儀各一副
如上合集功德伏乞
主司照驗收納不勝感激之至
為此具牒
須至牒者
右牒 此下第二張改中界功德司判官第三張改地府功德司判官
天府功德司判官 准此
年　月　日修齋信某姓名具牒判聞

【寫判牒式二則】 兩張同樣但第二張上堂改下堂

娑婆世界　南贍部洲
中華國某省某縣都圖界下居住奉
佛修齋信某姓名　暨領善眷人等
為建水陸道場圓滿津送事以今
年　月　日為始恭就
某某禪寺仗僧修建
法界聖凡水陸普度大齋勝會道場一壇先於某
日啟經至某日圓滿於中所具
上堂第二張改下堂錢楮疏貌綵緞座席等儀敢冀

神聽逐一處分送

獻以成圓滿功德

為此具牒須至牒者

右牒

年　月　日修齋信某姓名具牒告聞

上堂第二張改下堂俵錢貌司判官准此

請書簽頭式

盡虛空徧法界三寶聖眾乃至諸大士等　修齋信某姓名具

十方法界三界諸天乃至嶽瀆諸神等　修齋信某姓名具

十方法界帝王總統乃至阿修羅道等　修齋信某姓名具

十方法界餤口鬼王乃至祖先亡靈等　修齋信某姓名具

符牒籤頭式

四天捷疾持符使者准此　主法沙門某甲具

空行捷疾持符使者准此　主法沙門某甲具

地行捷疾持符使者准此　主法沙門某甲具

地府捷疾持符使者准此　主法沙門某甲具

赦書籤頭式

妙莊嚴宮大梵王尊天玉陛下　修齋乞恩信某具

忉利天宮大帝釋尊天玉陛下　修齋乞恩信某具

敕牒籤頭式

梵釋二天捷疾持敕使者准此　主法沙門某甲具

判官疏牒籤頭式

天府功德司判官准此　修齋信某姓名具

中界功德司判官准此　修齋信某姓名具

地府功德司判官准此　修齋信某姓名具

上堂俵錢貌司判官准此　修齋信某姓名具

下堂俵錢貌司判官准此　修齋信某姓名具

寫齋天疏式 告赦日清晨用

伏以

靈惟育物。垂青盻以無窮。誠可格天。秉至心而必

達。謹舒蟻悃。上叩

鴻慈。爰有

一四天下 南贍部洲

中華民國某省縣寺秉

釋迦如來遺教奉行。主修法事沙門某甲。今據

某省縣鄉都圖界下居住奉

佛啟建水陸大齋期內。修設齋天道場。幽爽普施。

存亡兩利事。

修齋信某姓名維日熏沐焚香。肅恭歸命。

娑婆教主本師釋迦牟尼文佛

盡金光明經中十方常住三寶

光明會上護法諸天侍從眷屬

統三界之萬靈極十方之真宰

同展蓮目俯鑒葵忱。具情伏為信某姓名年庚

切念處生死海。枉罹三途苦趣。受業報身。難

免六道輪迴。作善作惡。或飄或沈。茲以往昔
微因。忝得人倫。無奈積習深重。靡思懺悔。並
惟親靈已往。未卜何之。可痛可悲。無依無怙。
匪憑
大覺之慈悲。何由離苦而趣樂。是以謹於月之某
日。恭就本寺。如法啟建。
法界聖凡水陸普度大齋勝會道場一壇。至某日
圓滿。今則謹遵科文遺製。正值內壇告赦良
辰。嚴具香燈茶果蔬品珍饈。延請僧眾。就于

大壇修設。
齋天佛事一堂。演揚
顯密真詮之妙法。奉供
三寶諸天之清齋。總此功勳。回向真如實際。承斯
善利。莊嚴無上菩提。伏願
諸天共鑒。普垂利濟之悲心。
萬有同沾。永沐恩施之厚德。已往親靈。端居極樂
之天。現存眷屬。恆享無疆之慶。謹

疏

上堂第一席東軸贊
三世如來巍巍金相
隨好光明赫赫難量
或隱或顯凡情叵測
爲度衆生示有生滅

上堂第一席左軸贊
藥師願海罄筆難書
離危迪吉如如意珠
隨願成就直趣菩提
永無退轉胡用遲疑

上堂第一席中軸贊
謂此爲佛是事理障
謂此非佛是斷滅相
事理既融斷滅亦空
佛自現前如日之中

過去大通智勝佛等一切過去**諸佛**
現在淨華宿王智佛等一切現在**諸佛**
未來華光佛等一切未來**諸佛**

△ △ △ △ △ △ △ △ △

西方無量**明佛**△
西北方華**德佛**△
西南方寶**施佛**△
上方廣衆**德佛**△
南方栴檀**德佛**△
十位面皆向中
北方相德**佛**△
下方明德**佛**△
東南方無憂德**佛**△
東北方三乘行**佛**△
東方善德**佛**△

清淨法身毗盧遮那佛△
東方淨琉璃世界藥師琉璃光佛△
娑婆世界千百億化身釋迦牟尼佛△
西方極樂世界阿彌陀佛△
圓滿報身盧舍那佛△

未來星宿劫始自日光佛**等千佛** △△△
過去莊嚴劫始自華光佛**等千佛** △△△
現居兜率當來下生**彌勒佛** △
現在賢劫始自拘留孫佛**等千佛** △△△
十方法界一切諸佛 △△△

上堂第一席右軸贊

樂邦化主身紫金色
眉間毫相體含萬德
垂臂接引神力難思
三根普被導入花池

上堂第一席西軸贊

十方諸佛相好潛輝
妙存獨眞不涉離微
貽舍利羅塵劫不壞
隨機益物隱顯自在

西方諸佛舍利寶塔△△△

西 南方諸佛舍利寶塔△△△

西 北方諸佛舍利寶塔△△△

上方諸佛舍利寶塔△△△

南方諸佛舍利寶塔△△△

面皆向中

北方諸佛舍利寶塔△△△

下方諸佛舍利寶塔△△△

東 南方諸佛舍利寶塔△△△

東 北方諸佛舍利寶塔△△△

東方諸佛舍利寶塔△△△

說曰。水陸大齋。以佛爲主。佛以釋迦牟尼爲主。故釋迦佛宜居正中。而以東西二佛及彌勒佛配。緣藥師爲羣生安樂之庇。彌陀爲六道歸依之主。彌勒爲當來慈尊故也。其法報二身。及三世十方佛。乃至舍利寶塔。俱須一一繪之。佛寶乃全繪。法。佛佛皆坐蓮華。至若樓閣欄楯。羅網行樹等。俱可隨意裝點。右軸塔位須照十方各繪一舍利寶塔。各開塔門。中坐一佛。其餘莊嚴方可隨意而作。

上堂第二席左軸

五時所說大小眞詮
經律論藏三聚五篇
眞法無名眞見無形
全超影像妙出常情

比丘律等諸律

梵網菩薩律等諸律

比丘尼律等諸律

沙沙彌 彌尼 律等諸律

優婆塞 夷 律等諸律

上堂第二席中軸

以意爲根是謂法塵
以佛爲體是爲法身
風止浪靜非有別水
放爲江河匯爲沼沚

阿含時諸經法寶

鹿苑會中 佛集本行 等經

深密密嚴 淨名金光明 等經

方等時諸經法寶

專談淨土 無量壽佛 等經

華嚴時諸經法寶

龍宮所祕 竺土未來 諸經

般若時諸經法寶

大品小品 仁王金剛 等經

大般涅槃等經

法華時諸經法寶

上堂第二席右軸

西天東土聖賢製作宗論釋論以覺後覺悟理忘情因言見諦了無一法即西來意

□二乘所造釋論

宗

□西天東土諸部懺法

□大小二乘諸經儀軌

□西天聖賢所造釋論

宗

□□菩薩所造釋論

宗

□東土所造釋論

宗

□古今所述內典雜著

□歷代所集諸高僧傳

□禪宗著述

說曰。古德云。佛在世時。樹王得道。爲佛寶。說十二部經。爲法寶。度五比丘等。爲僧寶。佛滅度後。範金合土。紙素丹青。爲佛寶。黃卷赤牘。爲法寶。剃髮染衣。爲僧寶。是今欲繪法寶。亦唯當以黃卷赤牘。爲其形狀。三軸分經律論。各具數種。每一種繪經一函。繪一護法神。雙手捧持。像若金剛。四旁者作側面。居中者作正面。亦可作側面。二神對立。共捧經函。△又佛說經律呪藏。曰教經。祖集懺法儀軌。曰行經。大小宗論釋論。曰理經。歷代諸高僧傳。曰果經。教行理果。俱稱經者。萬世可遵。是常法故。

上堂第三席左軸

十念功成三輩往生
蓮分九品樹列七珍
上升精微內院清淨
補處當來是我皈命

極樂國土清淨海衆菩薩
五時法會助宣佛化諸大菩薩
兜率內院常隨補處菩薩

△ △ △ △ △
△ △ △ △ △
△ △ △ △ △
△ △ △ △ △
△ △ △ △ △

上堂第三席中軸

神智無方解脫無礙
以何因緣得大自在
障盡願滿反於自然
無始以來亡者復存

文殊菩薩△ 金光明會上菩薩 通教菩薩△
普賢菩薩△ 法華會上菩薩 圓教菩薩△
觀音菩薩△ 華嚴會上菩薩 五時斷證菩薩△
勢至菩薩△ 金剛藏菩薩 別教菩薩△
地藏菩薩△ 虛空藏菩薩 藏教菩薩△

上堂第三席右軸

高風可仰苦行難思
薜蘿蔽體蔬麥充飢
六時行道三衣不離
福田無上稽首皈依

十方國土一切僧眾

禮拜僧眾　深山禪定僧眾　樂誦經典僧眾

好行惠施僧眾　習學多聞僧眾　辛勤興福僧眾

供養舍利僧眾　經行林中僧眾　為眾講法僧眾

說曰。凡菩薩像。亦坐蓮華。身面或正或側。頭戴天冠。威德次佛。中軸除習見諸大菩薩外。加以華嚴法華金光明三經會上菩薩。每會繪三像足矣。左軸以極樂兜率並列者。以娑婆僧眾。生處多在二處。故右軸九種修行。名出法華。統括十方僧眾。其中如禮拜。則繪一佛像。一供案。香華齊設。而一僧拜其下。供養舍利。繪一舍利塔。供案上備列五種供養。而一僧拜其下。其餘禪定等以此類推。會意繪之。又行施須立。作手提物食。與人之狀。習學當坐。讀書之相。辛勤興福。應作搬運之像。

上堂第四席左軸

緣覺獨覺列爲兩名
內觀外觀同一妙行
老子莊子冥契釋宗
詎可情見妄測異同

上堂第四席中軸

現無佛處修第二乘
如日入時膏火爲燈
我說二乘如應病藥
敬禮辟支即大緣覺

仁王護國

大仙緣覺

○ ○ ○ ○ ○

佛出世時

獨覺

從山中來

○ ○ ○ ○ ○

佛法滅後

獨覺

一時出現

○ ○ ○ ○ ○

出有佛世

諸緣覺

聞法得道

○ ○ ○ ○ ○

出無佛世

諸獨覺

自然悟道

○ ○ ○ ○ ○

出無佛世

諸緣覺

獨覺

部行麟喻

○ ○ ○ ○ ○

上堂第四席右軸

具相不具說法不說
大小區分智愚斯別
體色入空觀緣散滅
更侵習氣超聲聞列

具相不具相
諸緣覺獨覺

現通不
現通諸緣
覺獨覺

說法不說
法諸緣
覺獨覺

通教八地辟支佛

藏教辟支佛

說曰。獨覺與緣覺。其斷證同。而示相不同。獨覺多自然悟道。因名獨覺。在佛前佛後。似東土老莊之類。形同俗服。道合佛乘。緣覺是佛弟子。披剃出家。悟十二因緣。而獲斷證。故名緣覺。即辟支佛也。繪法。獨覺似道家相狀。惟不用道冠。緣覺須露頂搭衣。辟支佛亦然。三俱或趺坐。或住立。或遊行。但取其自在逍遙之貌則得之。

上堂第五席左軸

五時聞法諸大聲聞
內祕密行外現常倫
十六應眞傳法上首
助佛轉輪作獅子吼

上堂第五席中軸

大不可知山隨綫移
小入無間澡身熏持
我雖不能能設此供
知一切人俱此妙用

五時聞法　○○　○○

學無學地　○○

諸大聲聞　○○　○○

靈山得記　○○　○○○

學無學地　○○

諸聲聞眾　○○○　○○○

世尊滅後　○○○　○○○

結集三藏　○○○　○○○

諸阿羅漢　○○○　○○○

十大弟子

須菩提○　舍利弗○　大迦葉○　目犍連○　富樓那○

迦旃延○　優波離○　阿難陀○　羅睺羅○　阿那律○

初度五人

釋摩男○　頞鞞○　憍陳如○　跋提○　十力迦葉○

最後所度

諸阿羅漢　○○○　○○○　○○○

須跋陀羅　○

諸阿羅漢　○○○　○○○　○○○

上堂第五席右軸

佛既強名法亦非眞

神而明之存乎其人

惟佛法僧非三非一

如雲出雨如水現日

住世大
阿羅漢

〇〇〇〇〇
〇〇〇〇〇

慧俱無疑
三解脫信
行法行六
種阿羅漢

〇〇〇〇〇〇
〇〇〇〇〇〇

通教體法已辦

天台方廣五百羅漢

佛滅度後諸祖所度諸阿羅漢

藏教學無學

內外七賢衆

〇〇〇〇〇
〇〇〇〇〇

說曰。佛與小乘人說四諦法。觀此得悟。是名聲聞。即阿羅漢也。阿羅漢名含三義。一無生。不受後有故。二殺賊。斷盡見思故。三應供。堪爲福田故。準寶雲經。佛記十六羅漢。合持佛法。至後佛出。方得入滅。故今時道場常有羅漢。示凡僧像。參入其中。第人不識耳。學無學者。三果爲有學。四果爲無學。繪法狀貌。清奇古怪。或行或坐或立。可隨意作。

上堂第六席左軸

諸法界等佛不度生
列祖意同弘道由人
教列十科宗分五派
皆得圓修證入法界

上堂第六席中軸

十宗煌煌照耀震旦
有促有延非法之愆
法從緣寂法從緣興
一念圓明亙古亙今

天台宗

荊溪湛然大師△
天台智者大師△
北齊文大師△
南嶽思大師△
章安灌頂國師△
四明法智大師△

翻譯宗

鳩摩羅什大師△
竺法蘭大師△
摩騰大師△
竺法護大師△
實叉難陀大師△

賢首宗

清涼觀國師△
杜順和尚△
賢首藏國師△
圭峰密禪師△

律宗

南山律師△
曇無德律師△
大智律師△

慈恩宗

窺基法師△
玄奘法師△
明昱法師△

懺摩宗

誌公大師△
悟達國師△

法性宗

道安大師△
僧肇大師△

上堂第六席右軸

五部烈分四依應命
法自西來教傳東晉
南山律學灌頂法性
萬派千流一月普印

【密部】

大廣智不空法師△
金剛智灌頂國師△
慧朗法師△

【禪宗】

四祖△
二祖△
初祖達磨大師△
三祖△
五祖△

南嶽禪師△
六祖大師△
青原禪師△

【淨土宗】

永明壽禪師△
初祖慧遠大師△
蓮池宏大師△

說曰。十宗諸祖。難於枚舉。姑就支那最顯著者繪之。位位搭衣趺坐。

上堂第七席左軸

毘目瞿沙萬徒苦行
攝化羣蒙造五明論
方等鹿苑五神通仙
朕迹不留今古無遷

色界下生為受道者五神通仙

○　○　○　○　○

華嚴會中毘目瞿沙一萬大仙

○　○　○　○　○

方等會上阿瑟吒迦等六十八大仙人

○　○　○　○　○

鹿野園中往昔波羅奈仙人

○　○　○　○　○

請雲雨會那羅他九萬九千五通仙人

○　○　○　○　○

上堂第七席中軸

孰云飛仙高舉違世
湛然神凝物不疵厲
爲同爲異本自無同
契我無生長生之宗

過去十方諸佛因地同行五神通仙

○　○　○

釋迦佛因地同行五神通仙

○　○　○

釋迦往昔同行忍辱五神通仙

○　○　○　○　○

護育釋種瞿曇仙人

○

占相太子阿私陀仙

○

上堂第七席右軸

占相太子歌利割截
攝諸咒術瞿曇團血
方便度生常行四攝
化及多徒壽等沙劫

諸國土中
攝諸咒術
造五明論
諸大仙人

○ ○ ○ ○ ○

此界
八洞
神仙

○ ○ ○ ○ ○ ○ ○ ○

八位面
皆向中

說曰。繪五神通仙。須具仙風道骨。其中或和光混俗。或棲息山島。或乘雲御風。各有飄灑出塵意概。每類約以五位。惟此界八仙須備八位。照世傳相狀繪之。以此八仙。名特顯於震旦。如斯勝會。必有隨喜而來者故亦並及之也。

上堂第八席左軸

皇矣梵釋護世四王
韋天散脂密跡金剛
功德大辯天女樹神
輪誠立誓護法安人

上堂第八席中軸

外道破法如刀截風
壞者既妄護者亦空
偉茲天龍威而不怒
如日除曀佛之禦侮

大梵天王□
帝釋天主□

南方增長□
東方持國□
西方廣目□
北方多聞□

第一威德大功德天□
摩醯首羅天□
金剛密跡神王□
散脂大將天□
大辯才天□

菩提樹神□
摩利支天□
堅牢地神□
鬼子母天□

娑竭羅龍王□
日宮天子□
護法韋天□
月宮天子□
閻摩羅王□

十大明王

上方降三世△

南方無能勝△
西南方步擲△
西方馬首△
東南方大笑△
東方不動尊△

十位面俱朝中

西北方大力△
北方甘露軍吒△
東北方閻鬘德迦△
下方大輪△

穢迹金剛聖者△

上堂第八席右軸

威德大權護法堪任
力士英雄摧邪顯正
八部天龍扶持末運
大揚佛化超凡入聖

第八席邊韋馱

將軍身童眞面三
洲感應隨緣現願
爲千佛護僧伽樓
至如來最後殿

華嚴會中
諸大天王

□□□□□

法華會上
從佛聞法
人非人等
天龍八部

□□□□□

散脂所領
二十八部
威德大權
天神

□□□□□

說曰。按妙吉祥平等觀門中云。此十大明王。是文殊等諸佛菩薩之所變化。現忿怒相。首各三面。面各三目。口牙外出。髮髩蓬豎。或青面赤髮。或黃面青髮。或黑面黃髮。或八龍爲袍。或虎皮爲衣。或以髑髏爲冠。手中所執弓矢劍戟等。各按十分位繪之。穢跡金剛。亦釋迦之所化身。十明王俱頭頂佛像而坐。各有威德具足之意。左軸二十諸天。今伽藍中多有其像。可依仿而繪。右軸諸天龍神八部等。雖無的像。大概不離乎奇特威武爲近。像以立而不坐爲是。

上堂第九席左軸

內熏宿誓外現神王
持佛舍利爲法金湯
護僧伽藍嚴衛齋禁
鎮國安家秉覺王令

上堂第九席中軸

外道壞法如刀截風
壞者既妄護者亦空
惟茲神衆各慎厥司
雖空不空法爾如斯

護震旦國天子大將天女等一切神衆

□　□　□

護三皈三十六神王

□　□　□　□　□

護五戒二十五大神王

□　□　□　□　□

護比丘百七十二大神王

□　□　□　□　□

護比丘尼三十六神王

□　□　□　□　□

護佛舍利四大軍主

□　□　□　□

護戒壇十二大神王

□　□　□　□　□　□
□　□　□　□　□　□

護佛塔五大神王

□　□　□　□　□

護伽藍十八大神王

□　□　□　□　□　□
□　□　□　□　□　□
□　□　□　□　□　□

上堂第九席右軸

護持佛戒具大誓力
降伏諸魔深慈已極
湛兮若存靈而能應
妙德難宣讚揚莫盡

第九席邊關帝

菩薩心慈威面單
刀赤騎玉泉現皈
心法門護伽藍亙
古一人爲城壍

佛滅度後護佛弟子七神王

□□□□□□□

守鎮宮宅五方上首神王

□□□□□

四天王各九十一子

□□□□

四天王各八大將

□□□□

四天捷疾使者

□□□□

說曰。此席護法。各有專司。次於前席之威力普護也。繪法位數少者。照數繪之。位數多者。則酌繪幾位。以例其餘。其像皆立不坐。須極猛厲。身著甲胄。手執戈矛。唯四天持符使者。則不需此。但戎裝乘馬。持符作疾行齎奏之狀。

上堂第十席左軸

尊者啓教聖僧勸行誌公讃勔祐師秉文爰興等供更冀普熏兩田兼備財法是均

佛印禪師△　志磐法師△

隫公禪師△　蓮池大師△

源洪法師△

上堂第十席中軸

粤惟多聞悲憫示墮繼此有作將錯就錯几筵既設嘉賓戾止而諸仁者未說一字

阿難聖師△

梁朝示夢神僧△　祐公禪師△

梁朝誌公禪師△　英公禪師△

上堂第十席右軸

武帝製儀諸賢繼作
此道彌彰斯文未盡
時平法盛理顯情忘
昏衢智炬苦海慈航

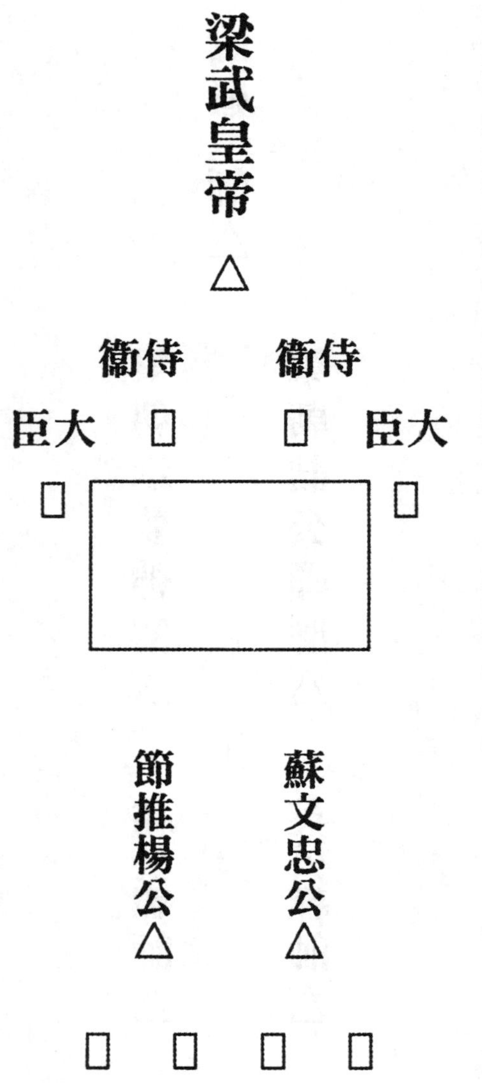

梁武皇帝△

侍衛　侍衛

大臣　大臣

蘇文忠公△

節推楊公△

說曰。此席僧俗俱列。所以報吾宗發揚繼述之恩。紀外護崇尚流通之績也。繪僧像。俱搭衣趺坐。右軸武帝像。宜冕旒龍袞。端坐殿閣。前設一案。上列筆硯。並水陸儀軌一卷。左右旁立侍衛大臣。下方蘇楊二像。須作宰官服色。以昭尊重。並排正坐。兩旁各有侍立一人。

下堂第一席左軸

兩儀迭運四相區分
三台列宿十二宮辰
照臨宇宙匡輔化功
知是有漏莫戀高穹

北極大帝□
日天子□
月天子□
南極大帝□

北斗七元星君□
南斗六司星君□

□ □ □ □ □ □ □ □ □ □ □ □ □ □

十二宮辰□
三台華蓋□
九曜星君□
二十八宿□
六十花甲
太歲星君□

下堂第一席中軸

苦極則修樂極則流
禍福無窮糾纏相求
遂超欲色至非非想
不如一念眞發無上

◉無色界　四空天

識處天△
非非想處天△
無所有處天△
空處天△

◉色界四禪　九天

福生天△
無想天△
無熱天△
善現天△
色究竟天△
善見天△
無煩天△
廣果天△
無雲天△

◉色界三禪　三天

無量淨天△
徧淨天△
少淨天△

◉色界二禪　三天

無量光天△
光音天△
少光天△

◉色界初禪三天

梵輔天△
大梵天△
梵衆天△

◉欲界六天

忉利天△
兜率陀天△
他化自在天△
化樂天△
夜摩天△
四天王天△

下堂第一席右軸
神昇上界職列天曹
俯察人間善惡難逃
禍淫福善不爽纖毫
親承法施出世爲高

國主元命星君 □

生靈所屬星君 □　施家各人本命星君 □

漢天師靈應真君 □　陰陽司事諸大天官 □　天地水府三官大帝 □　天府北極四聖真君 □

天府功德司判官 □ □　空行捷疾使者 □ □

說曰。佛所住處。天龍神鬼。擁從侍衞。今此水陸大齋。既請三寶光臨。則天龍以下。乃至當境城隍祠廟。一切靈神。自必雲集星拱。共赴勝筵。況此法會六道蒙益。是所以仰藉護助者在此。報答休嘉者亦在此。列而祀之。宜也。繪諸天像。須極尊嚴。儼如帝王威德自在。大抵二禪以上。可繪坐像。以其禪定故。自大梵以下。皆宜立像。以梵釋以下。皆常侍佛故。日月星斗。亦須端嚴。判官使者。手捧表文。恭敬承命。俱會意繪之。

下堂第二席左軸

方隅太歲分野神君
旱蝗災病風雨雷霆
園林藥草果穀諸眞
塵勞莫戀樂土昇騰

下堂第二席中軸

法界非動亦不閴寂
爰有鬼神體物不遺
體物者神神復誰體
能了之者大雄所契

五方土君

□□□□□

十二分野神君

□□□　□□□　太歲　諸土君　聖衆　□□□　□□□

行瘟□行病□
雷霆□□□□
風雨
諸神衆□
火部□□□□
熒惑
監生□行藥□

藥草　園林　百穀　花果　旱蝗　災荒

諸神衆

□□□　□　□□□

衡山南嶽大帝□
泰山東嶽大帝□
嵩山中嶽大帝□
華山西嶽大帝□
恆山北嶽大帝□

四大□□
海王□□
水府扶桑大帝□
四瀆□□
源公□□

水府諸神

□□□□□□

五湖龍王□
四海龍王□
五方龍王□
九江龍王□
七澤龍王□

下堂第二席右軸

勛高史冊位至侯王
捍災禦患享祀未央
名山護守城邑封疆
勿貪血食致昧眞常

守護□□
名山
道場
城邑
舍宅□□
舟車
橋道
神眾□□

諸郡□
城隍
列廟□
縣邑
山川□
係祀
神祠□
諸侯
王眾□

施家
所屬
當境
神祠

住居□
六神□
家庭□
香火□
諸神□

監齋使者□
中界功德
司判官□
地行捷疾
使者□

說曰。五嶽扶桑海王俱繪王像。四瀆繪公侯像。餘神等則列職也。諸龍王俱參龍形。略分勝劣。其餘則因名定像。以意繪之可也。至施家所屬當境之神。各各不同。難以預定。可繪神祠三五所。以總括之。不須繪像。香火諸神則可隨意而繪。

下堂第三席左軸

維持世道賢聖儒流
出塵絕俗隱逸仙儔
固形定命自恃千秋
錯亂修習生死何休

下堂第三席中軸

至難者君至憂者臣
以眾生故現宰官身
以難爲易以憂爲樂
樂兼萬人禍倍眾惡

東震旦國歷代儒宗□□□□

歷代高士□□□□□□□

東震旦國歷代道宗□□□□

十方仙眾□□□□□□□

正后元妃□□□□

粟散□□□□

四輪聖王□□□□

中國附庸□□□□

帝子王孫□□□□

十方諸國□

輔相公卿□

文武官僚□

歷代名臣□

□

□□□□□

十方諸國夫人命婦

□□□□□

十方諸國節婦烈女

□□□□□

下堂第三席右軸

未得道果五眾僧尼
虛生浪死不悟菩提
煉汞燒丹希仙輕舉
不依正覺自貽伊阻

未得道果僧眾□□

未得道果尼眾□□

未得道果□□
優婆塞眾□□

未得道果□□
優婆夷眾□□

未得仙品□□□□□□
道流眾□□□□□□

未得仙品□□□□□□
女冠眾□□□□□□

說曰。此席畫法各有名義。易於摹繪。唯四輪聖王。須繪四位。一金輪王。二銀輪王。三銅輪王。四鐵輪王。此四輪王。據長阿含經。唯言金輪有金輪寶現。若據俱舍論。則四王各有輪現也。輪即車輪。四輪像略同。唯有金銀銅鐵之分耳。或繪一輪。或繪四輪。或竟不繪輪亦可。唯輪王像。須極相好。金剛經言。若以三十二相觀如來者。轉輪聖王即是如來。可知其相幾同於佛矣。

下堂第四席左軸

士農工商九流技術
卑賤貧窮鰥寡孤獨
壽夭窮通往來馳逐
當惜寸陰無常迅速

下堂第四席中軸

地獄天宮同一念頭
涅槃生死同一法性
抱寶號窮鑽穴索空
今夕何夕當選大雄

技術男　女眾　工男　女眾　農男　女眾　醫藥男　女眾　卜筮男　女眾

左道男　女眾　坐賈男　女眾　行商男　女眾　師巫男　女眾　遊手男　女眾

鬻色男　女眾　吏卒男　女眾　末作男　女眾　倡優男　女眾　奴婢男　女眾

孤　鰥　乞丐　男女眾　寡　獨

光音諸天下為人種諸男女眾

中諂勝　南贍部洲　中最勝　中小勝　東勝神洲　中勝勝　諸男女眾　中小拂　西牛貨洲　中妙拂　中小行　北俱盧洲　中勝道

五百小洲

諸男女眾

南蠻　東夷　西戎　北狄

諸男女眾

下堂第四席右軸

本是一眞何分善惡
性習相違妄生苦樂
雜業交傾飄零淪落
返照迴光脫離塵縛

忠孝仁義□□□□
務善人倫
智信禮節□□□□

姦貪□□
不忠□
行惡人倫
不孝□
暴逆□□

勞文類
庸很類
頑愚類
微柔類
明達類

諸人倫眾
□□ □□ □□ □□ □□

說曰。此席繪法。人種略似人形而已。身披樹葉。無有衣冠。諸洲雖有衣冠。而各各不同。須畫師自出新意繪之。又東洲面似半月。南洲面似車箱。上大下小。西洲面似滿月。北洲面方。八中洲各同大洲。其餘小洲與蠻夷戎狄。則奇正怪異俱備。此中軸像也。左右軸像各照名色繪之。如農則農像。工則工像。忠則忠像。姦則姦像之類。惟末後十類。雖似人形。略參物形。頑參梟形。愚參鵂鶹形。庸參狐形。很參蛇蠍形。微參蟯蛔形。柔參猪羊形。勞參牛馬形。文參燕鴻形。明參麟鳳形。達參貓犬形。

下堂第五席左軸

因修勝福果感鬬爭
三時苦至四類受生
奇花名苑寶網雕欄
瞋心業致何樂可歡

下堂第五席中軸

正念淳想則爲飛行
毫釐之差遂墮戰爭
以此爲道穴胸殞首
是眞作家當師子吼

須彌山北

入海二萬一千阿修羅眾

阿修羅宮

入海四萬二千阿修羅眾

阿修羅宮

入海八萬四千阿修羅眾

阿修羅宮

入海十六萬八千阿修羅眾

阿修羅宮

男 □ 化生天趣阿修羅 女 □

男 □ 胎生人趣阿修羅 女 □

男 □ 卵生鬼趣阿修羅 女 □

男 □ 濕生旁生趣阿修羅 女 □

下堂第五席右軸

處鹹海底住眾山中
巍峩殿閣玉宇琳宮
軀分優劣報有異同
塵勞莫戀苦果斯窮

說曰。阿修羅。或云阿素洛。此云非天。謂富樂同天。而無天行也。其形男醜女美。其性多瞋。常好鬬諍。其因從下品十善所感。其報化生最勝。乃至濕生最劣。畫法略似八部護法之狀。形貌醜異。身著甲冑。手執兵器。刀矛劍戟之類。女形則端正姣好。其衆數多寡不拘。其勝劣形狀。勝者像極長大威武。漸劣以次設之。左軸宜繪一須彌山立大海中。半出水面。半在水中。自水面以下。依山挨次。直繪修羅宮殿四重。右軸繪一妙高山。山面繪一宮殿。衆相山略次。亦繪一宮殿。俱勿用繪修羅像。

下堂第六席左軸

習慳貪業感醜陋形
火燄炙口鍼毛刺身
飢虛莫告痛苦難名
若悟本有當下消停

諸餓鬼眾

食吐—閻浮地下—（少財）上品大癭—中品臭毛—下品鍼毛—
食香—閻羅所領—

三十六種諸餓鬼眾—諸餓鬼眾—（多財）上品勢力—中品得失—下品得棄—

食水—鐵圍山間—（無財）上品臭口—中品鍼咽—下品炬口—
食血—酬償宿罪—

下堂第六席中軸

說食無味涎流妄嚥
眞食無火中虛妄見
美從妄生惡亦幻成
知幻即離既飽且寧

起教焰口鬼王□

所領鬼眾●●●●飛行夜叉●●地行羅刹●●

所領鬼眾●●●●夜叉女●●羅刹女●●

下堂第六席右軸

嗟爾鬼眾饑火交然
鍼咽鼓腹惡業糾纏
業無自性惡從何生
知生無生即解脫門

山谷餓——鬼眾——
塚墓餓——鬼眾——
空中餓——鬼眾——
海島餓——鬼眾——
草木餓——鬼眾——
糞穢餓——鬼眾——

三十六傷橫死夭亡孤魂滯魄諸餓鬼眾

說曰。此席爲施食之緣起。昔阿難尊者林間入定。夜見鬼王口吐火燄。頂髮煙生。身形醜惡。肢節如破車之聲。饑火交然。咽喉似針鋒之細。見斯怪異。問是何名。答曰面然。汝三日之中當墮我類。阿難驚怖。求佛救拔。佛說施食一法。自此始也。其畫法各無定數。但須描寫盡致。大概腹大頸細。身瘦骨露。頂煙吐火。鬼王端身正立。須具威嚴之意。其餘或臥或立。或雙手捧腹。或愁容叫哭。種種苦相。隨畫師巧思變化。與名相合。橫死夭亡一種。盡世間橫夭之狀。夜叉羅刹。亦鬼類攝。故入此席。

下堂第七席左軸

地府鐵圍治獄公平
火珠業鏡鑑燭且明
主執文籍業感而成
了業本空治獄誰名

下堂第七席中軸

地獄既有斯有治獄
諸司吏卒森列無數
此無數者從何所來
惟汝自召汝其愼哉

地府　洪伽　噤王　三十　七位　諸鬼　王眾
□　□　□　□　□

鐵圍　山間　惡毒　鬼王　三十　四位　諸鬼　王眾
□　□　□　□　□

主執　文籍　業鏡　火珠　勘問　對驗　諸司　判官
□　□　□　□　□

無常大鬼●　□　地府五道大神　□　追魂使者●
□　□　□

地府

宋帝大王□　都市大王□
秦廣大王□　變成大王□
閻摩大王□　泰山大王□
楚江大王□　平等大王□
五官大王□　轉輪大王□

王妹□　神女□

善簿童子●　諸女吏眾　惡簿童子●

●　●　●　●　●

□□□□□
□□□□□
助治地獄十八臣佐諸小王眾
□□□□□
□□□□□

下堂第七席右軸

城隍部屬各任典司
分權佐理推鞫無私
牛頭阿旁怒目揚眉
無非業感妄有如斯

各省▯各府各州▯縣城隍部▯屬三班六▯房

●●●●●●●● 六房

●●● 三班

地府功德司判官▯

地府捷疾使者▯

牛頭 阿旁 百萬 獄卒

● ● ● ● ● ●
● ● ● ● ● ●
● ● ● ● ● ●

說曰。此席皆業道冥官。及治獄諸役之類也。十殿畫法世間裝像最多。茲不贅。其餘各神諸司世未經見者。畫師不妨以意爲之。總以威嚴整肅爲要。前第二席已列諸郡城隍。此復列者。前是總稱。以配山川係祀諸神。故祇列一位。以包括之。此是按各省府州縣城隍一一備安。此位雖軸中不能盡列。而意則如此。故以四位分屬省府州縣。以括震旦所有之數。又前二席意在主者。此則意兼吏卒。以備治獄之司事也。

下堂第八席左軸

造十習因受六報繫
循造惡業兼有元地
一念瞋癡自妄所招
識妄無因當下冰消

下堂第八席中軸

汝一念起業火熾然
非人燔汝乃汝自燔
觀法界性起滅電速
知惟心造是破地獄

劍樹、刀山、拔舌、鋸牙、
鐵牀、銅柱、火箭、飛刀、
灰河、熱沙、噉眼、剉首、

諸大地獄

山谷、空中、水間、曠野、

諸獨孤獄

受苦囚徒

八熱、地獄、受苦、囚徒、

八熱、四門、十六、遊增、一百、二十、八獄、受苦、囚徒、

地獄、受苦、囚徒、

十方、阿鼻、地獄、三十、六獄、一百、八獄、受苦、囚徒、

下堂第八席右軸

瞥起無明妄造業咎
寸心不了業繫攸久
妄情造作妄心自受
菩提心中本無所有

泰山、、、、、七趣中陰、、、、諸
城隍、、、、、將入地獄、、、、幽
諸陰獄中受苦囚徒
當境、、、、、地獄釋放、、、、冥
祠廟、、、、、未得受生、、、、眾

說曰。八熱八寒。須各繪一大獄。諸罪人等爲寒熱苦逼情景劍樹刀山等例。此可知。其山谷空中。水間曠野。泰山城隍。當境祠廟等。俱當各各想像情景而繪。大要須極苦痛難堪之狀。而各各獄門俱須洞開。各繪一符官。騎馬持符到門。作傳赦呼召之狀。諸獄卒等。作驚顧迎接奉命之狀。至七趣中陰。當作七個小兒形。不作衣裳。既云將入地獄。則當作愁苦之狀。地獄釋放。備諸男女等形。既云未得受生。則當作悵悵靡適之狀。此二亦須繪一符官持符呼引。

下堂第九席左軸

一念自昧妄有四生
怨讐論對形變體更
情多想少業習相成
唯心所現水陸空行

鴈——　孔雀——　鸚鵡——　白鶴——　燕——

鷲——　鷄——　烏——　雀——　鳶——　鵞——　鴨——

諸飛禽衆

羊——　鹿——　牛——　馬——　狼——　虎——

猪——　犬——　猴——　兔——　貓——　鼠——

諸走獸衆

魚——　蝂——　蛟——　鼉——　螺——

諸水族衆

下堂第九席中軸

欲人不知心則有負
此念未成頭角已具
集我道場一洗濯之
盡未來劫愧者勿爲

獅子——　金翅——　烏王——　象王——

諸福德　摩竭大魚——　旁生類

鳳凰——　神龍——　麒麟——

珍禽——　寶龜——諸祥瑞旁生類　奇獸——

下堂第九席右軸

性稟愚癡形頑質劣

五趣迴遭四生差別

惡業俱生窮未來劫

除奢摩它何時休歇

蜉蝣 蚤 虱 蚊 蚋 蠅 蝱 蛆 蟻 蛣蜣

諸微類眾

鴆毒 蝮 蠍 蚖 蛇 蜂 蠆 蜈蚣 壁鏡

諸毒類眾

有足 無足 鱗 甲 羽 毛 四足 多足

諸旁生眾

服 應 狐 毒 梟 咎 蛔 食 休 循

諸旁生眾

正住鐵圍 山間大海洲渚 邊住遍 五趣中

諸旁生眾

說曰。中軸珍禽奇獸。畫師可自出新意繪之。大要以新奇文彩爲妙。不必依照常見之物。若係常物。則非珍奇矣。他如諸禽之飛鳴宿食。諸獸之臥立蹲走。以及一切蜎飛蝡動。俱當各具生動之致。其未經目覩。如服應休循等類。則儘可從略。不須強足其數。又如正住邊住諸類。則但取仿佛。如輕煙薄霧而已。無從得其形似也。

下堂第十席左軸

惟茲中陰如影肖形
不了形幻將謂影眞
循彼業識趣不善處
幸值法筵來歸覺路

諸福德神
中陰眾生

□ □ □ □ □

諸阿修羅
中陰眾生

下堂第十席中軸

陋劣之極蕩於渺冥
胎卵濕化莫從而生
聞吾法音飈起雷動
如夢覺人不復見夢

諸天類中
中陰眾生

□ □ □ □ □

諸仙類中
中陰眾生

□ □ □ □ □

諸人類中
中陰眾生

□ □ □ □ □

下堂第十席右軸

中陰者眾茫茐杳冥
狀類孩孺有影無形
往來諸趣受生不停
一念頓悟覺體圓明

諸餓鬼中中陰眾生 一

諸旁生中中陰眾生 一

諸地獄中中陰眾生 、

諸泥犁中中陰眾生 、

四洲諸趣一十七種中陰眾生 一

說曰。陰者蓋覆之義。亦名蘊。蘊者積聚之義。亦可名有。有者因果不壞之義。蓋六道皆有五陰色身。今則前之五陰色身正報已盡。後之託生五陰尚未有定。在此前後之中故名中陰。此中陰身非肉眼可見。有天眼者見之。其形相似五六歲孩兒之狀。裸形露體。一絲不著。其心神如夢如醉。或一七日即受後有。或二七三七。乃至最久者七七日。必受後有五陰之身。畫法各肖其種類。而仿佛其本形也。神類只取威嚴慈厚之像。不必定肖某神旁生略繪習見數種。

下堂十一席左軸

城隍列廟幽顯諸神
聰明正直輔國佑民
勿貪血食慈念眾生
發無上心皈依佛乘

本府□　府主□　城隍□

□　所屬□　各縣□　城隍□　□

本縣□　□　城隍□

各境□　主財□　神王□　各處□　主泉□　龍君□

下堂十一席中軸

省府州縣至德尊神
豐碑屹立嘉獎賢明
凡有祈求如響斯應
願因佛日得獲聖分

●　某某□　省主□　城隍□　●

●　各府□　城隍□　列廟□　●

●　各縣□　□　城隍□　●

●　所屬□　州廳□　城隍□　●

下堂十一席右軸

各縣鄉坊係祀靈廟
庇陰萬民春祈秋報
奉嚴眞像昭示褒封
際茲法席豁悟眞空

● 各邑□ 係祀□ 神祇□ ●

● 附近□ 各廟□ 侯王□ ●

各處□ 靈應□ 諸廟□ 尊神 ●

附近— 各山□ □ 龍王□ —

說曰。此席中左二幅。所繪城隍。大概照現省府縣城隍廟塑像。及部屬等像繪之。右軸諸廟侯王。取府屬各縣有名祠廟諸神像。隨繪幾處。以總括之。略求兼備。以表施家專供之意。

下堂十二席左軸

住居六神守宅守墓
古塚空林井竈倉庫
悉有典司冥冥錫祚
實行權施惟求早悟

下堂十二席中軸

齋家本寺當境廟神
僧伽藍內護法諸眞
遠承封號近衛僧倫
齊赴勝會獲法資神

東廚●
司命□
府君●

門丞□
戶尉□
家堂□
土地□

主泉□
龍神□
□
主園□
林神□
□
中庭□
力士□
□

屋上□
廣漢神□
主牀神□
主後廁神□
守墳塋神□

齋家所●
屬當境□
諸神□

本寺□
護教□
伽藍□
諸神●

監齋□
使者

本寺一□
主山□
護界□
神祇●

齋家●
□
主財
□
諸神●

本寺□
護法□
檀那●

方□
隅□
太歲□
神祇●

下堂十二席右軸

諸神獻花信有眞因
五莖上佛記授能仁
用餉金仙衣裓盛呈
食時還國飯畢經行

空中●
雲集□
散花□
天女●

●
本山□
主花□
果諸
神□

荷花□
蘭花□
梅花□
菊花□
茶花□

玉蘭花□
芙蓉花□
牡丹花□
薔薇花□
玉簪花□

說曰。此席中軸。繪本寺近境廟神。及主山護界諸神。寺中監齋。伽藍。護法諸眞宰等。左軸繪施家香火。住居六神。東廚司命。守宅守墳。方隅太歲。主泉神等。隨畫師取意繪之。右軸花神。儀軌新添。惟法會宏開。萬神光臨。其中必有花神散花。隨喜供獻。故繪之以配篇幅耳。

下堂十三席左軸

本寺歷代十方覺靈
茲請列席惟願降臨
齋家上世昭穆宗親
正薦附薦各遂超昇

下堂十三席中軸

經云心如工畫師能畫諸世間五蘊悉從生無法而不造斯水陸畫世出世間善惡因果妍醜分明瞭然在目如指諸掌始信一切唯心之說是眞語實語者也

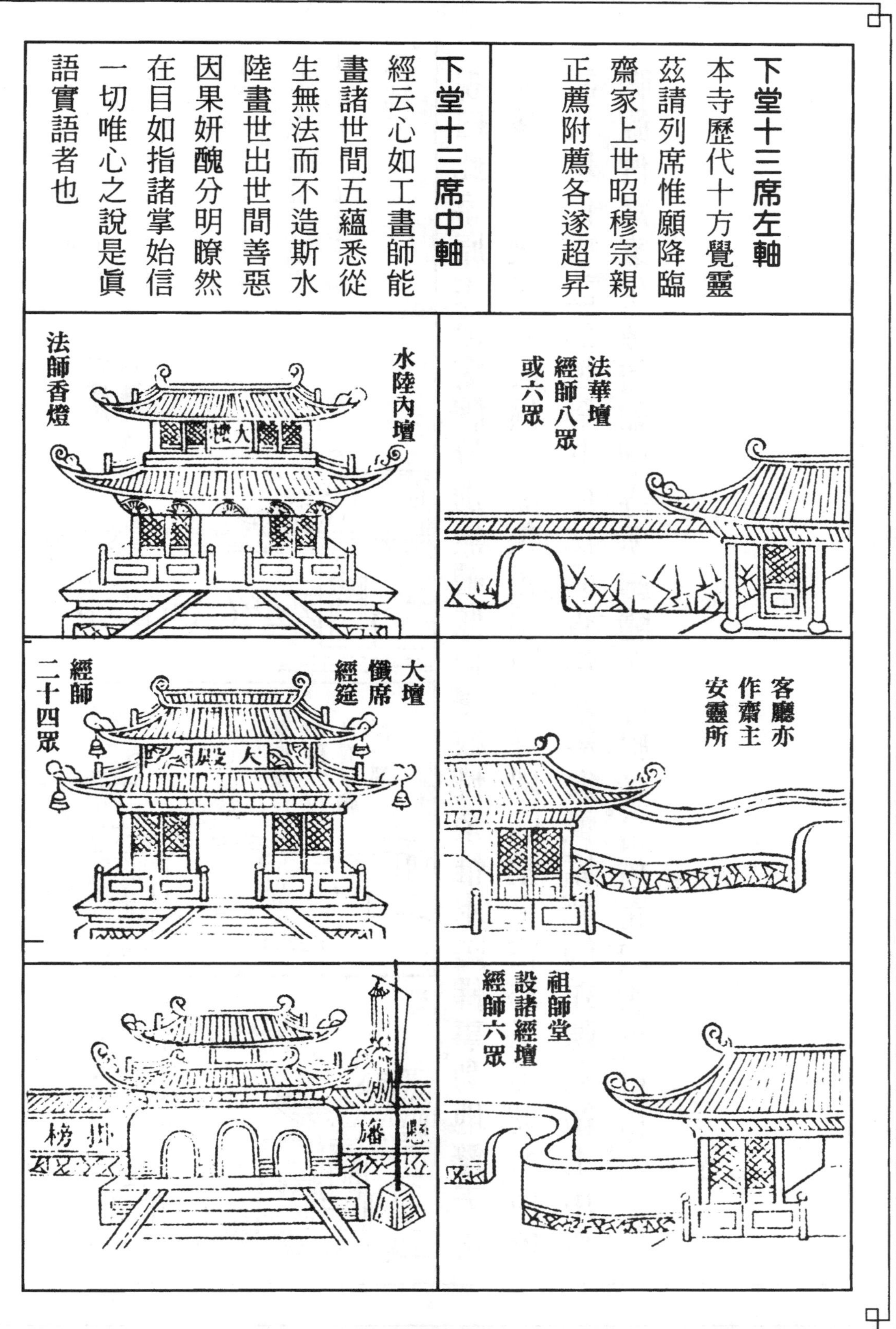

下堂十三席右軸

像贊昔賢僅作中幅而輔弼無文予不揣陋劣竊取供文雜以鄙意糅成八句書諸上方俾瞻禮者識像淵源且於觀門不無小補云

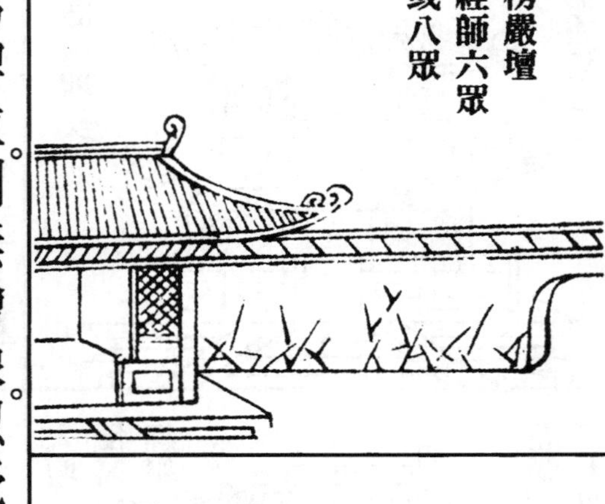

說曰。此席原畫。但寫牌位。別無繪像。似覺缺憾。余惟水陸佛事。動地驚天之大法。必藉壇儀。方成嚴衛。故囑畫師將本寺殿閣堂宇。繪爲三幅。題名。何處設大壇。何處設內壇等。其中法師。香燈。及經筵懺席諸師。並陳列繪上。用作瞻觀。俾齋家生敬信。如別寺所繪。隨各寺殿堂善巧布置畫之可也。

附錄：雲棲竹窗三筆一則

水陸儀文。世傳起自梁武帝。昔白起以長平一坑至四十萬。罪大惡極。久沈地獄。無由出離。致夢於武帝。武帝與誌公諸師。議拔救之策。知大藏有水陸儀文。禱之則光明滿室。由此舉行。傳之後世。而今藏並無其文。金山寺之本。亦前後錯雜。不見始終頭緒。時僧行者。亦復隨意所作。各各稍殊。南都所繪上下堂像。隨畫師所傳。奉為定規。頗不的當。而啟建道場者。化募資費。累月累年。始克成就。陳設繁文。以致士女老幼。紛至沓來。如俗中看旗看春。交足摩肩。男女混亂。日以千計。而不免褻瀆聖賢。衝突鬼神。失多而過重。有禍而無功。多致道場不終其事。而感惡報。甚可懼也。惟四明志磐法師。所輯儀文。至精至密。至簡至易。精密而不傷於煩長。簡易而不病於缺漏。其本止存四明。諸方皆未之見也。予為訂正。重壽諸梓。以廣流通。雖然。亦不可易易舉。數數舉也。易則必至於數。數則自生夫易。由是疏於誠敬。多諸過愆。則求福而反禍矣。幸相與慎之。

據此一則。及供上堂所白水陸緣起文。知此儀軌其行久矣。即近從元至明。如應庵華月江印楚石琦等語錄。皆在雲棲之前。而俱有水陸語。可知水陸處處可行。非專在杭州一處也。今錄一則以例其餘。按元朝高僧元叟端禪師。敕封慧文正辯佛日普照之號。語錄入藏。其第四卷。有旨設水陸大會于金山。命師陞座說法。乃至師云。此日特頒聖旨。敦遣使臣。就金山古澤心寺。照依梁武皇帝科儀。修建天地冥陽水陸大會。七晝夜。爇種種香。然種種燭。具種種上妙飲食。設種種上妙服御。金銀珊瑚。眞珠瑪瑙。種種上妙珍寶。而爲供養。命僧一千五百員。披轉三藏五乘十二分祕典。眞詮權也。實也。頓也。漸也。半也。滿也。偏也。圓也。交光相羅。如寶珠網。上以翊衛皇圖。下以資培民本。徑山臣僧行端。與禪教律三宗耆年碩德。以此正體。以此正心。欽奉綸旨。高陞寶座。闡揚諸佛無上奧旨。發揮諸佛無上祕傳。若幽若顯。若聖若凡。若飛若潛。若動若植。普仗良因。均霑妙利。四方消災沴之虞。萬姓樂耕桑之業。同躋仁壽。共享昇平。當此之時。理周事徧。果滿功圓。直下無私一句。畢竟如何。擊展擊拂子云。化行舜日山川外。人在堯天雨露中。又感發錄第三卷云。通州顧司馬養謙夫人先卒。延沙門修經懺。作種種功德。數年後一妾暴亡。經宿甦。哭不止。言死入冥府。見夫人閉一暗室。以帛蒙面。謂妾曰。我在此苦不可言。急作功德救我。妾曰。夫人亡後。曾大作諸功德。豈無益耶。夫人曰。作佛事在主者齋戒至誠。乃能滅罪增福。向者沙門持誦。堂上公與客飲弈室中。何益之有。妾曰。夫人既令妾傳語。何不一覿面。夫人泣曰。我面敗。不復可見人。試捫吾足。遂以手揣之。壞如枯木矣。顧公聞之大哭。爲擇聘戒德名僧。清淨嚴肅。大作佛事三晝夜。此屠長卿目擊而記之者。據此凡念誦禮拜。須僧俗俱虔。方不虛設。況舉水陸佛事者。更宜誠敬也已。

重訂水陸畫式引

水陸之有畫像。由來舊矣。所以嚴對越而攝威儀者。於是乎在。故眉山蘇氏。一一為之贊。迄今考諸遺文。贊語猶存。而畫式無傳。各處道場。隨意造作。從無畫一。往雲棲大師。重興齋法。亦以南都所繪上下堂像。隨畫師所傳。頗不的當。知其泯失。由來已久。夫以此之法事。羅列賢聖。號召羣靈。位備十方。堂區上下。立歸敬之宗。設憑依之所。而聽其混雜無章。顛倒越序。瞻仰不肅。慢易斯生。所關匪細。

武林源洪上人既訂水陸儀軌會本成。有事於此者。可以照本作法矣。而校訂畫式一事。乃獨以諉予。予惟水陸大齋。實為佛門盛典。始於古聖垂慈。繼乃諸師演化。眉山賢者。罄筆舌以贊襄。予雖不敏。敢廢墜而莫舉。因黽勉從事。依照儀軌中所列名類。每位分為三軸。庠序安列。譜為定式。復各為之說。以申明之。自今以往。畫師可以按譜而繪。一改從前混淆之作。並錄蘇氏贊語於後。俾得照書於軸之上方。贊或遺者。予亦為僭補焉。下筆於六

月望日。越月而告成時道光甲申七月二十三日
也。真益熙願識。

一譜中像分坐立。宜坐者用△。宜立者用口。坐立
不拘者用○

一經函法寶用冂。舍利寶塔用△△△

一鬼神類中。正神用口。吏卒用

一三塗中地獄用、。餓鬼用丨。旁生用一

一所繪諸像。俱應照譜中所開名類。用小楷各書
於像首空處。如諸佛雖多。於過去現在未來三位。每位繪三像足矣。餘例此。

一每位贊語。各照書於各軸上方。書法或楷或隸俱可。惟不宜行草。前標上堂第一席中軸七字。左軸即改左字。餘例此。

一每席三軸。須記明中。左。右字。以免懸掛錯亂。（補）

一晝式原本只有二十席。現既開為二十四席。當另添晝式三席以補之。蓋廿三廿四席位雖分二居。處並同。

一像贊原本刊於晝式之後。今摘刻於晝式之上。俾閱者便於觀覽。舊底仍存。以資查考。唯古人贊語。另標姓名以示區別。而免混淆。

水陸法像贊（并引）

蘇軾 眉山

蓋聞淨名之鉢。屬饜萬口。寶積之蓋。徧覆十方。若知法界本造於心。則雖凡夫皆具此理。昔在梁武皇帝。始作水陸道場。以十六名。盡三千界。用狹而施博。事約而理詳。後生莫知隨世增廣。若使一二而悉數。雖至千萬而靡周。惟我蜀人頗存古法。觀其像設。猶有典型。虔召請於三時。分上下者八位。但能起一念於慈悲之上。自然撫四海於俛仰之間。輒敬發願心。具嚴繪事。而大檀越張侯致禮。樂聞其事。共結勝緣。請法雲寺法涌禪師善本。善擇其徒。修營此會。永為無礙之施。同守不刊之儀。軾拜手稽首。各為之贊。凡十六首。

按古儀簡樸。位祇十六。故蘇氏亦祇有十六贊。今雲棲訂本。上十位。下十四位。除下末四位隨時損益。計上下定位共二十。所增者乃上第六位第十位。下第二位第七位也。此四位以義度之。實不可少。惟既有其位。當有其像。即當有其贊。故并補焉。又三寶位中。僧伽一位。亦有應議之處。今時例以菩薩辟支羅漢為僧寶。義殊未盡。蓋僧伽是總稱。聖凡統在其內。心地觀經所謂世出世間。有三種僧是也。究而論之。凡夫僧一種。尤不可缺。法華文句云。菩薩形不檢節。迹無定處。既不同俗。復異於僧。處季孟之間。釋論云。菩薩為出家在家四眾攝。可知不定是僧。至辟支羅漢。雖薙髮染衣。得其形儀之正。而非常所住持。廣為開示聖道。利樂。眾生之人。求其負荷正法。永為福田。舍凡夫僧何以哉。又如梵網經。別請僧戒云。次第請者。即得十方賢聖僧。則凡夫僧中。正不乏賢聖之侶。故今之法會。必以統列聖凡為宜。用知古本儀軌。亦必設有常住僧伽一總位。而蘇氏因特為之贊。第相沿已久。礙難創立。茲酌於菩薩位中。添入十方僧眾一軸。補足其義。蘇氏僧伽菩薩二贊。則並書之庶可以泯古今差異之迹。而得折衷之道。其護法龍神一位。今開為二位。於理無礙。名類較詳。但蘇氏祇贊龍神而今所開者天龍諸神雜出其間語義不合既護法是同擬二位皆以蘇贊為主而酌易字句以配合之亦理之可通者也。

△上堂十位（內補二位）

一切常住佛陀耶（第一位）

蘇軾贊曰。謂此為佛。是事理障。謂此非佛。是斷滅相。事理既融。斷滅亦空。佛自現前。如日之中。

一切常住達摩耶（第二位）

蘇軾贊曰。以意為根。是為法塵。以佛為體。是為法身。風止浪靜。非有別水。放為江河。匯為沼沚。

一切常住僧伽耶（此與菩薩共爲第三位）

蘇軾贊曰。佛既強名。法亦非真。神而明之。存乎其人。惟佛法僧。非三非一。如雲出雨。如水現日。

一切常住大菩薩眾

蘇軾贊曰。神智無方。解脫無礙。以何因緣。得大自在。障盡願滿。反於自然。無始以來。亡者復存。

一切常住大辟支迦眾（第四位）

蘇軾贊曰。現無佛處。修第二乘。如日入時。膏火為燈。我說二乘。如應病藥。敬禮辟支。即大緣覺。

一切常住大阿羅漢衆（第五位）

蘇軾贊曰。大不可知。山隨綫移。小入無間。澡身熏持。我雖不能。能設此供。知一切人。具此妙用。

十宗諸祖（第六位）

熙願贊曰。十宗煌煌。照耀震旦。有促有延。非法之慾。法從緣寂。法從緣興。一念圓明。亙古亙今。

一切五神通仙衆（第七位）

蘇軾贊曰。孰云飛仙。高舉違世。湛然神凝。物不疵厲。為同為異。本自無同。契我無生。長生之宗。

一切護法諸天龍神眾（第八位原本作護法龍神）

蘇軾贊曰。外道壞法。如刀截風。壞者既妄。護法亦空。偉茲天龍。原本作龍神威而不怒。如日除曀。原本作示有四友佛之禦侮。

一切護法諸大小神眾（第九位）

蘇軾贊曰。外道壞法。如刀截風。壞者既妄。護者亦空。惟茲神眾。各慎厥司。雖空不空。法爾如是。

惟下新增

啓教繼述一切聖賢（第十位）

熙願贊曰。粤惟多聞。悲憫示墮。繼此有作。將錯就錯。凡筵既設。嘉賓戾止。而諸仁者。未説一字。

△下堂十位（内補二位）

一切天衆（第一位）

蘇軾贊曰。苦極則修。樂極則流。禍福無窮。糾纏相求。遂超欲色。至非非想。不如一念。真發無上。

十方法界一切靈神衆（第二位）

熙願贊曰。法界非動。亦不閴寂。爰有鬼神。體物不遺。體物者神。神復誰體。能了之者。大雄所契。

一切王臣吏從眾（第三位原本作官僚吏從）

蘇軾贊曰。至難者君。至憂者臣。以眾生故。現宰官身。以難為易。以憂為樂。樂兼萬人。禍倍眾惡。

一切人眾（第四位）

按贊語祇及王臣。今儀軌增入道俗等衆。雖贊不之及。而人惟求備亦無礙也。

蘇軾贊曰。地獄天宮。同一念頭。涅槃生死。同一法性。抱寶號窮。鑽穴索空。今夕何夕。當選大雄。

一切阿修羅眾（第五位）

蘇軾贊曰。正念淳想。則為飛行。毫釐之差。遂墮戰爭。以此為道。穴胸隕首。是真作家。當師子吼。

一切餓鬼眾（第六位）

蘇軾贊曰。說食無味。涎流妄嚥。真食無火。中虛妄見。美從妄生。惡亦幻成。知幻即離。既飽且寧。

一切治獄諸神眾（第七位）

熙願贊曰。地獄既有。斯有治獄。諸司吏卒。森列無數。此無數者。從何而來。惟汝所召。汝其慎哉。

一切地獄眾（第八位）

蘇軾贊曰。汝一念起。業火熾然。非人燔汝。乃汝自燔。觀法界性。起滅電速。知惟心造。是破地獄。

一切畜生眾（第九位）

蘇軾贊曰。欲人不知。心則有負。此念未成。頭角已具。集我道場。一洗濯之。盡未來劫。愧者勿為。

一切中陰趣眾（第十位原本作六道外者衆）

蘇軾贊曰。陋劣之極。蕩於渺冥。胎卵濕化。莫從而生。聞吾法音。飀起雷動。如夢覺人。不復見夢。

按此一贊。蘇氏雖不明指中陰。而中陰正六道外者。且贊語亦與中陰相合。故以屬之。或曰。蘇氏所謂陋劣渺冥。即莊子所謂雜乎茫芴之間。變而有氣。氣變而有形。形變而有生者是也。復考之他書有云。古水陸畫。如竹枝葉間薄粉。以其將化微細之蟲。亦入衆生之數。蘇氏或即指此爲六道外者。不知此種仍屬濕化所生。何云莫從而生乎。凡蜎飛蝡動之類。皆爲前畜生趣攝。何云六道外乎。故此贊雖不知其的指中陰與否。而語意相合中陰。固居六道之外。陋劣渺冥。亦是中陰相狀。即以之贊中陰。亦無不可者。第恐後人疑而不決。更補贊附錄於此。以備酌用。贊曰。惟茲中陰。如影肖形。不了形幻。將謂影眞。循彼業識。趣不善處。幸值法筵。來歸覺路。

水陸儀軌會本卷第四

榜疏音義

邀音妖｜招也求也　肅音速｜恭也嚴也　葵癸平聲向陽之花也　禴音約｜薄祭也　葭莩音嘉莩｜蘆葦中之白皮也

疇音酬｜田　爽雙上聲微明也　瀆音讀｜溝也　吏音利｜卒也　貺音況｜賜也　衷音中｜情之所蘊曰　宥音右｜赦也

激音急｜感蕩也也　繫音係｜縛也累也　讎音酬｜仇怨報也

像贊音義

疵音慈｜病也　曀音翳｜陰也　闃曲域切寂靜也　旤同禍殃也　汞烘上聲丹砂化成之水也　燔音煩｜炙也　颺音揚｜飛揚疾也

祚音醋｜福也　矻音窟｜健作也堅也　芴音忽｜杳茫也　隕音允｜下墜也　綫音線｜縷也　叵音頗｜不可也

迭音疊｜更迭也　瞥音撇｜忽見也　餉音向｜饋送也　倀音昌｜無見貌又狂行不知所如也

南無護法韋陀尊天菩薩